Das Meer der Weisheit

DALAI LAMA

Das Meer der Weisheit

Gedanken zum Leben

Mit einem Vorwort von Richard Gere

Aus dem Englischen von
Michael Wallossek

Theseus Verlag

Sind diese Worte hilfreich für Sie,
so setzen Sie sie bitte in die Tat um.
Falls sie nicht hilfreich sind,
besteht keine Notwendigkeit für Sie,
dies zu tun.

Inhalt

Vorwort

Dieses Buch gibt die Worte eines überaus kostbaren spirituellen Freundes wieder, der unsere allergrößte Hochachtung verdient – es sind die Worte des Vierzehnten Dalai Lama, geistiges und weltliches Oberhaupt des tibetischen Volkes. Beginnend mit der mystisch-geheimnisvollen Auffindung des kleinen Jungen in Amdo über seine Inthronisation in Lhasa als höchste spirituelle Autorität der Tibeter und erster Mann des Staates bis hin zu seinem mittlerweile mehr als vier Jahrzehnte währenden Exildasein infolge der Besetzung Tibets durch die Chinesen und des Völkermordes an den Tibetern, führt er ein aktives, verantwortungs- und aufopferungsvolles Leben zum Wohl aller Wesen. Gerade aufgrund seiner ungeheuren Erfahrungen und seiner Weltklugheit gewinnt seine Lehre von der menschlichen Güte, vom Mitgefühl und von der erleuchteten Selbstlosigkeit solch große Bedeutung und Überzeugungskraft.

Mit den Tibetern bin ich 1978 zum ersten Mal in Kontakt gekommen. Damals stieß ich im nepalesischen Teil des Himalaya auf eine Gruppe tibetischer Flüchtlinge, deren Leid mich sehr bewegt und beschämt hat. Zugleich aber hat auch ihre freudvolle Lebensart und Unbeschwertheit einen tiefen Eindruck bei mir hinterlassen.

Seiner Heiligkeit dem Dalai Lama bin ich 1982 begegnet. Zuvor hatte ich bereits mehrere Jahre Zen praktiziert und studiert. Doch auf die Begegnung mit solch einem Menschen war ich keineswegs vorbereitet. Ich muss wohl wie ein Narr gegrinst und geplappert haben. Daran erinnere ich mich noch ganz vage. Deutlicher habe ich die ausgesprochen offene Atmosphäre von Geborgenheit und Ganzheit vor Augen, die uns umgab. Sie war von solcher Dichte und Tiefe wie das Wissen, das der Dalai Lama uns vermittelt. Seine Heiligkeit ist unwahrscheinlich präsent und wirklich – einfach überwältigend.

Von der ersten bis zur letzten Seite versucht uns dieses Buch etwas ganz Einfaches, zugleich jedoch außerordentlich schwer zu Erfassendes nahe zu bringen: eine Lehre von unerschöpflich tiefer Weisheit, die uns von Grund auf verwandelt und befreit. Die Worte Seiner Heiligkeit gleichen Samen, aus seinem Herzen in unser Herz gesät. Wir brauchen uns lediglich zu öffnen und sie in uns aufzunehmen. Mögen sie Glück bringen und die Ursachen für künftiges Glück bilden.

Richard Gere

Einführung

Seine Heiligkeit der Vierzehnte Dalai Lama Tenzin Gyatso wurde am 6. Juli 1935 in Taktser, einem kleinen Dorf im Nordosten Tibets, als Kind einer Bauernfamilie geboren. Als er zwei Jahre alt war, erkannte man in ihm die Reinkarnation des Dreizehnten Dalai Lama Thubten Gyatso.

Die Dalai Lamas verkörpern den Bodhisattva des Mitgefühls, der sich zur Wiedergeburt entschlossen hat, um der Menschheit zu dienen. Die Tibeter nennen Seine Heiligkeit gewöhnlich *Yeshe Norbu*, das wunscherfüllende Juwel; oder sie sagen einfach *Kündün*, die Präsenz.

Als der Dreizehnte Dalai Lama 1935 starb, konnte die tibetische Regierung nicht einfach einen Nachfolger ernennen. Vielmehr musste man jenes Kind ausfindig machen, in dem sich der Bodhisattva des Mitgefühls inkarnieren würde. Das Kind brauchte nicht unbedingt genau in dem Moment zur Welt zu kommen, in dem sein Vorgänger starb; und auch nicht kurz danach. Wie schon in der Vergangenheit würde es Vorzeichen und Hinweise auf den Geburtsort des Kindes geben. Als man zum Beispiel den Leichnam des Dreizehnten Dalai Lama in einem Schrein aufbahrte, der in Nord-Süd-Richtung stand, drehte sich sein Kopf zweimal nach rechts, d. h. nach Osten. Und auf der Ostseite eines Pfeilers aus gut abgelagertem Holz kam ein großer sternförmiger Pilz zum Vorschein.

Später reiste der Regent von Tibet zum heiligen See Lhamo Lhatso, für die Tibeter traditionell ein Ort visionärer Zukunftsschau. Dort schaute er unter anderem ein Kloster mit teils jadegrünen, teils goldenen Dächern, und er sah ein Haus mit türkisfarbenen Dachziegeln. Unter strikter Geheimhaltung wurde eine detailgetreue Schilderung der gesamten Vision schriftlich festgehalten.

1937 erhielten drei aus hohen Lamas und Würdenträgern bestehende Delegationen den Auftrag, überall in Tibet nach dem in der Vision erblickten Ort zu suchen. Unter Leitung von Lama Ketsang Rinpoche aus dem Kloster Sera brach eine der Delegationen nach Osten auf. Als die Männer in das kleine Dorf Taktser gelangten, hatten sie den Eindruck, dieses könne der Erscheinung in der Vision entsprechen.

Bevor sie sich zu dem Haus begaben, das der Regent in seiner Vision geschaut hatte, kleidete sich Ketsang Rinpoche wie ein Diener, während ein Mönch von geringerem Rang die Rolle des Delegationsführers übernahm. Ketsang Rinpoche trug eine Gebetskette des Dreizehnten Dalai Lama bei sich. Der kleine Junge erkannte sie sogleich und wollte sie haben. Man werde ihm seinen Wunsch erfüllen, so versprach man ihm, falls er erraten könne, wer der Mann mit der Gebetskette in der Hand sei. »Sera aga«, gab der Kleine zur Antwort. Das bedeutet im lokalen Dialekt: »Ein Mönch aus Sera.« Der Junge wusste auch zu sagen, wer von den beiden in Wahrheit der

Herr war und wer der Diener. Zahlreiche weitere Prüfungen folgten. Schließlich wurde der neue Dalai Lama am 22. Februar 1940 feierlich inthronisiert.

Nach dem Einmarsch der Chinesen musste Seine Heiligkeit im Alter von 16 Jahren – weitere neun Jahre intensiver religiöser Schulung standen ihm damals noch bevor – vollverantwortlich die Regierungsgeschäfte übernehmen. Im März 1959 erhob sich das tibetische Volk in Lhasa und auch in anderen Landesteilen gegen die chinesische Militärbesatzungsmacht. Daraufhin musste er Lhasa im Schutz der Nacht verlassen und nach Indien fliehen.

Seit 1960 lebt Seine Heiligkeit im indischen Dharamsala, in den Ausläufern des Himalaya. Dort hat auch die tibetische Exilregierung ihren Sitz, die seit 1963 ihren Aufgaben im Rahmen einer konstitutionellen Demokratie nachgeht. Denn um einen Demokratisierungsprozess in Gang zu bringen, hat der Dalai Lama bereits im September 1960 eine Abgeordnetenkammer einberufen, die alle drei Jahre neu gewählt wird. Am 10. März 1963, dem vierten Jahrestag der Erhebung von Lhasa, verabschiedete Seine Heiligkeit als Modell für ein künftiges freies Tibet eine Verfassung, die sich weitgehend an der Menschenrechtserklärung der Vereinten Nationen orientiert.

Dharamsala, treffend auch Klein-Lhasa genannt, verfügt über diverse Ausbildungsstätten und Einrichtungen zur Förderung und Erhaltung der tibetischen Kultur. Es dient rund 130 000 vorwiegend in Indien lebenden tibetischen Flüchtlingen als »Exilhauptstadt«. Viele Exiltibeter haben ferner in Nepal, der Schweiz, Großbritannien, den USA, Kanada und in 30 weiteren Ländern eine neue Bleibe gefunden.

Seit Jahrzehnten bemüht sich der Dalai Lama um einen Dialog mit den Chinesen. Eine Umsetzung des 5-Punkte-Friedensplans, den er der chinesischen Führung 1987-88 unterbreitet hat,* würde zur Stabilisierung des gesamten asiatischen Raumes beitragen. Die fünf Punkte sind:

- Umwandlung von ganz Tibet, einschließlich der Regionen Amdo und Kham, in eine gewaltfreie Friedenszone.
- Verzicht auf die den Fortbestand des tibetischen Volkes durch massive Überfremdung bedrohende chinesische Umsiedlungspolitik in diesem Gebiet.
- Respektierung des tibetisches Volkes in seinen Grundrechten und demokratischen Freiheiten.
- Wiederherstellung und Wahrung der natürlichen Umwelt, keine Waffenproduktion und Lagerung von nuklearen Abfällen in Tibet.
- Einleitung ernsthafter Verhandlungen über Tibets künftigen Status und Aufnahme von offiziellen Beziehungen zwischen dem chinesischen und dem tibetischen Volk.

---

* Am 21. September 1985 gab der Dalai Lama vor dem amerikanischen Kongress erstmals eine entsprechende Erklärung ab, die man seither als 5-Punkte-Friedensplan bezeichnet. Auch vom Europäischen Parlament wurde er eingeladen, seine Friedensvorschläge darzulegen. Dies tat er im Juni 1988 in Straßburg.

Von vielen Regierungen und Parlamenten in aller Welt wurden diese Vorschläge mit großer Anerkennung bedacht. Die chinesische Seite hingegen lässt bis auf den heutigen Tag jegliche Verhandlungsbereitschaft vermissen. 1989 honorierte das Nobelpreiskomitee in Oslo die Friedensbemühungen Seiner Heiligkeit durch die Verleihung des Friedensnobelpreises.

Im Unterschied zu seinen Vorgängern, die niemals in den Westen gekommen sind, reist der Dalai Lama seit nunmehr drei Jahrzehnten um den Globus. Unermüdlich und mit großer Überzeugungskraft setzt er sich für eine Verständigung zwischen den Religionen, einen wohlwollenden und mitfühlenden Umgang der Menschen untereinander, ein respektvolles Bewahren unserer Umwelt und vor allem für den Weltfrieden ein.

Bei zahlreichen Gelegenheiten hat Seine Heiligkeit an interreligiösen Veranstaltungen teilgenommen: 1980 folgte er der Einladung zu einer gemeinsamen Andacht und dem Gedankenaustausch mit führenden Vertretern verschiedener Religionen in der katholischen Kathedrale von Montreal, Quebec. Im Oktober 1986 reiste er nach Assisi. Papst Johannes Paul II. hatte religiöse Oberhäupter aus aller Welt zum gemeinsamen Gebet für den Weltfrieden eingeladen. Später fanden in Rom, in Polen und in Asien weitere interreligiöse Treffen dieser Art statt. Im Rahmen des »John-Main-Seminars«, das die »Weltgemeinschaft für christliche Meditation« seit 1984 alljährlich in London organisiert, stellte der Dalai Lama 1994 erstmals in der Öffentlichkeit Betrachtungen zu den christlichen Evangelien an, woraus sich ein überaus fruchtbarer christlich-buddhistischer Dialog entwickelte. 1999 hielt er auf Einladung des Erzbischofs von Canterbury die »10. interkonfessionelle Lambeth-Vorlesung für den Weltfrieden« über das Thema »Die Rolle der religiösen Gemeinschaften«.

Rinchen Dharlo

Güte ist meine wahre Religion

*Großes Mitgefühl ist der Ausgangspunkt
jeder Art von Religiosität.*

Güte ist meine wahre Religion. Wenn Sie sich wirklich in Güte üben wollen, müssen Sie – gleichgültig, ob Sie gebildet oder ungebildet sind, ob Sie an ein Leben nach dem Tod glauben oder nicht, ob Sie an Gott oder Buddha glauben oder eine andere Religion bevorzugen – in Ihrem Lebensalltag ein gütiger Mensch sein.

Sobald Sie diese Motivation haben, spielt es keine so große Rolle, ob Sie sich einer spirituellen Praxis widmen, ob Sie Anwalt oder Politikerin, Verwaltungsangestellte, Arbeiter oder Ingenieur sind. In dem Beruf, in dem Arbeitsbereich, in dem Sie tätig sind, leisten Sie professionelle Arbeit. Und im Innern sind Sie einfach all die Zeit über ein gütiger Mensch. Das ist eine brauchbare Einstellung für den Alltag.

Mitgefühl und Liebe sind etwas Kostbares im Leben. Sie sind nichts Kompliziertes. Doch so einfach sie sind, so schwer sind sie in die Tat umzusetzen.

Mitgefühl lässt sich verwirklichen, wenn man die Tatsache anerkennt, dass jeder Mensch ungeachtet seiner Religion, Kultur, Hautfarbe oder weltanschaulichen Überzeugung der Menschheit, der menschlichen Familie angehört. Im Innersten unterscheiden wir uns nicht voneinander.

❀

Ohne Liebe befindet sich die menschliche Gemeinschaft in einer sehr schwierigen Situation. Ohne Liebe werden wir in Zukunft vor enormen Problemen stehen. Liebe ist der Dreh- und Angelpunkt des menschlichen Daseins.

❀

Üben Sie sich in Mitgefühl, Liebe und Güte. Darin besteht meine Botschaft. Nicht nur für unseren persönlichen Lebensalltag, sondern für die gesamte menschliche Gesellschaft bringen diese Eigenschaften großen Nutzen. Deshalb ist es so wichtig, dass wir uns in Mitgefühl, Liebe und Güte üben.

❀

Überall, wohin ich komme, lautet mein Rat: Seien Sie anderen gegenüber selbstlos und gütig. Für mich selbst gilt dasselbe: Meine Meditation und meine Aktivitäten sind darauf ausgerichtet, dass ich größere Güte entwickle. Das ist essenzielles Buddha-Dharma.

❀

Ganz gleich, ob jemand religiös ist oder nicht, ob er oder sie an Wiedergeburt glaubt oder nicht – jeder Mensch schätzt Mitgefühl, Anteilnahme.

❀

Vom Augenblick unserer Geburt an befinden wir uns unter der Obhut unserer Eltern, und sie zeigen uns ihre Zuneigung. Wenn uns später im Leben Krankheiten zu schaffen machen und wir alt werden, sind wir erneut auf die Güte anderer Menschen angewiesen. Wie können wir, da wir doch am Anfang und am Ende unseres Lebens derart auf die Güte der anderen angewiesen sind, in der Lebensmitte den anderen unsere Güte versagen?

❊

Güte gehört zu den ganz elementaren Dingen. Durch Güte, Liebe und Mitgefühl – jene Art von Zuneigung, ohne die es keine Brüderlichkeit oder Schwesterlichkeit gibt – erlangt man inneren Frieden. Diese mitfühlende Haltung ist die unentbehrliche Voraussetzung für inneren Frieden.

❊

Gütige und hilfreiche Menschen sind für uns wie die eigenen Eltern. Diese liebevolle Haltung können wir auch auf andere Menschen ausdehnen, indem wir uns als Angehörige der menschlichen Familie in einer Welt wechselseitiger Bedingtheit betrachten, in der unser Wohlergehen und unsere Zufriedenheit großenteils von anderen abhängen. Mit Liebe und Güte im Herzen werden wir zudem mehr Freunde gewinnen und uns besser fühlen. Solch eine Motivation mag zwar egoistisch sein. Sobald wir jedoch zu einem *weisen* Egoismus fähig sind, begreifen wir die Notwendigkeit, all unsere Mitmenschen zu lieben, sogar unsere Feinde. Dies ist *eine* Möglichkeit, Liebe zu entwickeln.

Wenn die Mitglieder einer Kleinfamilie einander mit Herzenswärme begegnen, kommt eine friedvolle Atmosphäre auf. Ist dagegen jemand wütend, macht sich im Haus sogleich eine angespannte Atmosphäre breit. Es mag dann zwar etwas Gutes zu essen geben, oder man hat vielleicht einen hübschen Fernsehapparat, doch der innere Frieden und die Gelassenheit sind verloren gegangen. Die Dinge hängen also stärker von unserer Geisteshaltung ab als von den materiellen Voraussetzungen.

Bei allen Dingen ist aus meiner Sicht zunächst einmal die Geisteshaltung ausschlaggebend. Wie wir die Dinge und Ereignisse erfahren, hängt in hohem Maß von unserer Motivation ab: Ein echtes Bewusstsein für den Wert von Menschlichkeit, Mitgefühl und Liebe – darauf kommt es an.

Da die Motivation diese entscheidende Bedeutung hat, kommt es allen Dingen zugute, wenn wir Herzensgüte entwickeln; sei es nun im wissenschaftlichen Bereich, in der Landwirtschaft oder in der Politik. Herzensgüte ist in unserem Lebensalltag ein wichtiger Faktor, der große Auswirkungen hat.

❋

Zwischen materiellem und spirituellem Fortschritt sollte ein Gleichgewicht herrschen, ein Gleichgewicht, das durch jene Grundsätze erreicht wird, die auf Liebe und Mitgefühl beruhen. Liebe und Mitgefühl sind die Essenz aller Religion.

❋

Alle Menschen sind unsere Schwestern und Brüder

Sobald wir die Menschheit als ein Ganzes, als Einheit begreifen, ist uns auch klar, dass die Unterschiede nur von untergeordneter Bedeutung sind.

Zahlreich sind wir unter der Sonne vertreten, sprechen verschiedene Sprachen, unterscheiden uns in der Art, wie wir uns kleiden, unter Umständen auch in unserem Glauben.

Doch wir alle sind Menschen. Darin sind wir gleich. Jeder von uns hat in einzigartiger Weise den Gedanken »ich«.

Und jeder von uns will glücklich sein beziehungsweise Leid vermeiden. Auch das ist uns allen gemeinsam.

Begreifen wir alle Menschen als unsere Brüder und Schwestern, so erkennen wir auch den Nutzen der verschiedenen Weltanschauungen und philosophischen Schulrichtungen: Diese kommen der menschlichen Individualität entgegen und können den verschiedenartigen Neigungen und Geschmäckern unterschiedlicher Personengruppen gerecht werden. Für bestimmte Menschen ist unter bestimmten Voraussetzungen ein bestimmtes Weltbild beziehungsweise ein bestimmtes kulturelles Erbe von größerem Nutzen als ein anderes.

Jedem Menschen steht das Recht zu, sich so zu entscheiden, wie er dies für angemessen hält. Sind wir uns wirklich dessen bewusst, dass alle Menschen unsere Brüder und Schwestern sind, so betrachten wir diese Entscheidung ganz selbstverständlich als persönliche Angelegenheit jedes Einzelnen.

❀

Wir sollten uns darum bemühen, echte Zuneigung für einander zu entwickeln, klar zu erkennen beziehungsweise anzuerkennen, dass wir alle derselben menschlichen Familie angehören. Zugleich müssen wir freimütig akzeptieren, dass sämtliche Weltanschauungen und philosophischen Schulrichtungen Hilfsmittel zur Lösung der Menschheitsprobleme sein können.

❀

Ein Land, *eine* Nation, *eine* Weltanschauung, *eine* Philosophie – das reicht nicht aus. Auf der Basis einer tiefen Überzeugung von der grundlegenden Gleichheit aller Menschen ist es ausgesprochen hilfreich, über viele verschiedene Ansätze zu verfügen. So können wir versuchen, in gemeinsamem Bemühen die Probleme der gesamten Menschheit zu lösen: Probleme der wirtschaftlichen Entwicklung zum Beispiel, Umweltprobleme, die Energiekrise, das angespannte Verhältnis zwischen den armen und den reichen Nationen und viele weitere geopolitische Probleme.

Diese Probleme, mit denen die Menschheit konfrontiert ist, können gelöst werden – unter der Voraussetzung, dass wir uns der fundamentalen Menschlichkeit und Menschenwürde bewusst sind, die uns allen gemeinsam ist; dass wir einander in unseren Rechten respektieren; dass wir wechselseitig zur Lösung unserer jeweiligen Probleme und zur Linderung unserer Leiden beitragen; und dass wir dann auf dieser Basis große gemeinsame Anstrengungen unternehmen.

Wir sollten aber auch nicht traurig sein, wenn gewisse Probleme ganz und gar unlösbar für uns sind. Zum Beispiel müssen wir Menschen dem Tod ins Auge schauen, werden wir mit Alter und Krankheit konfrontiert; ebenso sind wir Wirbelstürmen und ähnlichen Naturkatastrophen ausgesetzt, die sich unserer Kontrolle entziehen.

Diesen Dingen können wir uns nicht entziehen, sondern wir müssen uns mit ihnen auseinander setzen. Und sie machen uns genug zu schaffen. Warum sollten wir uns da noch zusätzlich Steine in den Weg legen, bloß weil unsere Auffassungen in weltanschaulichen Fragen voneinander abweichen? Das brauchen wir doch wirklich nicht! Welch ein Jammer, dass abertausende von Menschen darunter zu leiden haben: eine ausgesprochen törichte Situation. Denn wir können sie vermeiden, indem wir uns eine veränderte Einstellung zu Eigen machen und Wertschätzung für die elementare Menschlichkeit entwickeln, in deren Dienst die Weltanschauungen eigentlich stehen sollten.

Seine Heiligkeit im Gespräch mit einem Schulkind.

Sobald wir die Menschheit als ein Ganzes, als Einheit begreifen, ist uns auch klar, dass die Unterschiede nur von untergeordneter Bedeutung sind. Wenn wir anderen Menschen mit einer von Respekt und Anteilnahme getragenen Haltung begegnen, können wir eine Atmosphäre der Freude erleben. Auf diese Weise führen wir wahre Harmonie herbei, wahre Brüderlichkeit und Schwesterlichkeit.

Versuchen Sie bei allen Erfahrungen, die Sie machen, stets geduldig zu sein. Ihre Einstellung können Sie verändern. Wenn Sie kontinuierlich praktizieren, sind Sie zu Veränderungen fähig. Der menschliche Geist hat das Potenzial dazu. Lernen Sie, es zu entwickeln!

❀

Zwischen Christen und Buddhisten gibt es grundsätzlich in der Lehre und in den Zielsetzungen vielfältige Übereinstimmungen. Die Welt wird heutzutage dank der neuen guten Kommunikationsmöglichkeiten und einiger anderer Faktoren zusehends kleiner und kleiner. Im Zuge dieser Entwicklung kommen auch unterschiedliche Glaubensbekenntnisse und Kulturen einander immer näher. Das finde ich sehr gut. Wenn wir alle in die Lebens- und Denkweise anderer Menschen, in unterschiedliche Philosophien und Glaubensbekenntnisse Einsicht gewinnen, kann dies einen Beitrag zu gegenseitigem Verständnis leisten. Verstehen wir einander, so entwickeln wir auf natürliche Weise Achtung voreinander. Daraus geht wirkliche Harmonie hervor; ferner die Fähigkeit, gemeinschaftliche Anstrengungen zu unternehmen.

Ich habe immer wieder den Eindruck, dass genau diese innere Entwicklung für die Menschheit von ganz besonders großer Bedeutung ist.

❁

Wir reden viel über Frieden. Doch Frieden kann nur in der entsprechenden Atmosphäre herrschen. Für diese Atmosphäre müssen wir sorgen. Damit uns das gelingt, müssen wir uns die richtige Einstellung zu Eigen machen. Frieden muss daher vor allem von uns selbst ausgehen, aus unserem Innern kommen.

Und warum sollten wir nach Frieden streben? Einfach weil er auf lange Sicht uns zugute kommt und wir deshalb den Wunsch nach Frieden haben.

❁

Die Weltreligionen haben ein ähnliches Ideal der Liebe

❀

Letztlich dient jede Religion dem Ziel, bessere Menschen hervorzubringen: Menschen, die toleranter, mitfühlender und weniger selbstsüchtig sind.

Güte und innerer Frieden spielen im Grunde genommen in allen Weltreligionen eine gleichermaßen große Rolle. Es kommt allerdings darauf an, beide Geistesqualitäten im Alltag zur Geltung zu bringen und nicht nur, wenn man in die Kirche geht beziehungsweise den Tempel besucht.

❀

Zwar mögen in sozialer Hinsicht und in Glaubensfragen zwischen den Religionen mancherlei Unterschiede bestehen; dessen ungeachtet haben sie alle das Ziel, inneren Frieden herbeizuführen.

Unter dem Einfluss von Wut oder Hass wird man schwerlich inneren Frieden verspüren. In der Betonung dieses Punktes stimmen zahlreiche durchaus unterschiedliche Glaubensbekenntnisse überein. Alle großen Weltreligionen betonen die Bedeutung der Brüderlichkeit.

Alle großen Weltreligionen – der Buddhismus, das Christentum, der Konfuzianismus, der Hinduismus, der Islam, der Jainismus, das Judentum, die Religion der Sikhs, der Taoismus, der Zoroastrismus – haben meiner Auffassung nach ein ähnliches Ideal der Liebe. Sie verfolgen das gleiche Ziel, der Menschheit durch spirituelle Praxis von Nutzen zu sein, mit der gleichen Intention, ihre Anhänger zu besseren Menschen zu machen.

Die Lehren aller Religionen geben uns ethische Verhaltensregeln an die Hand, damit wir – mit Körper, Rede und Geist – unsere Handlungen vervollkommnen können. Sie alle bringen uns bei, nicht zu lügen, nicht zu stehlen, nicht zu töten und so weiter. Das gemeinsame Ziel all dieser von den großen Menschheitslehrern festgelegten ethischen Verhaltensregeln heißt Selbstlosigkeit. Die großen Lehrer wollten ihre Anhänger von negativen, durch Unwissenheit bedingten Handlungen abbringen und ihnen Wege zu Rechtschaffenheit und Güte eröffnen.

❧

Sämtliche Religionen sind sich über die Notwendigkeit einig, jenen undisziplinierten Geist, dem Egoismus und weitere Störfaktoren innewohnen, zu zähmen. Alle Religionen sind bestrebt, unseren Geist zu bändigen, um uns zu besseren Menschen zu machen, und so müssen wir die praktische Ausübung aller Religionen in den Dienst der Heilung unseres Geistes stellen. Es ist ganz und gar nicht gut, sondern höchst verhängnisvoll, mit der Lehre und der praktischen Ausübung einer Religion, deren Aufgabe die Bändigung unseres Gei-

Seine Eminenz Ganden Tri Rinpoche, Oberhaupt der
Gelupa-Überlieferungslinie des tibetischen Buddhismus.

stes ist, eigene Vorurteile zu begründen. Darum ist es für uns von größter Wichtigkeit, keine fanatischen Sektierer zu sein.

Als Buddhisten müssen wir die Christen, Juden, Hindus und die Anhänger aller anderen Religionen respektieren. Ebenso wenig sollten wir auch unter den Buddhisten Unterschiede machen und sagen, manche seien Anhänger des Kleinen Fahrzeugs (des Theravada-Buddhismus), andere hingegen Anhänger des Großen Fahrzeugs (des Mahayana-Buddhismus) und so weiter. Uns alle verbindet, dass wir denselben Lehrer haben.

Wenn wir uns unter dem Einfluss solcher auf Unverständnis beruhenden Vorurteile entzweien, so wird dies kein Ende nehmen. Deshalb müssen wir erkennen, dass die religiösen Lehren die Bändigung des Geistes zum Ziel haben, und entsprechenden Gebrauch von ihnen machen.

❀

Jede Religion lehrt auf ihre Weise einen Weg, der uns zu einem Zustand des inneren Friedens, der geistigen Disziplin, ethischen Verantwortung und Weisheit hinführt. Aus diesen Gründen war ich stets der Überzeugung, dass sämtliche Religionen im Kern die gleiche Botschaft verkünden. Darum ist es unbedingt notwendig, ein besseres Verständnis zwischen den Religionen zu fördern, damit wir den Glauben unserer Mitmenschen respektieren. Außerdem können die Religionen viel zur Schaffung von Frieden beitragen.

❀

Wir sind Teil
einer *großen* Menschenfamilie

—————— ✹ ——————

*Solange wir nicht begreifen, dass wir Teil
einer großen Menschenfamilie sind, besteht wenig Hoffnung
auf Frieden und Glück.*

Auf der Ebene der internationalen Beziehungen brauchen wir vor
allem ein stärker ausgeprägtes Bewusstsein für unsere gemeinsame
Verantwortung. Da wir in der Welt von heute mehr und mehr auf-
einander angewiesen und voneinander abhängig sind, hat die Gefähr-
dung durch verantwortungsloses Verhalten dramatisch zugenom-
men.

Einst haben sich die Probleme in erster Linie im Rahmen der
Familie oder Sippe abgespielt und wurden meist auch in diesem Rahmen gelöst. Solange wir nicht begreifen, dass wir nun Teil *einer*
großen Menschenfamilie sind, besteht wenig Hoffnung auf Frieden
und Glück. Eine einzelne Nation kann ihre Probleme nicht mehr im
Alleingang lösen, weil so vieles von zwischenstaatlicher Zusammen-
arbeit abhängt. Deshalb ist es nicht nur aus ethischer Perspektive fehl
am Platz, sondern auch praktisch gesehen unklug, als Einzelperson

beziehungsweise als einzelne Nation dem eigenen Glück nachzujagen, ohne den Bestrebungen der Menschen ringsum Beachtung zu schenken. Man täte gut daran, zwischen den jeweiligen Eigeninteressen einen Kompromiss anzustreben und demgemäß zu verfahren.

❀

Kriege entstehen aufgrund von fehlendem wechselseitigen Verständnis für unsere menschlichen Eigenheiten. Warum veranstalten wir anstelle von politischen Gipfeltreffen nicht lieber Familientreffen mit gemeinsamem Picknick, bei denen man sich gegenseitig kennen lernen kann, während die Kinder miteinander spielen?

❀

In alten Zeiten stand man sich im Falle eines Krieges von Mensch zu Mensch gegenüber. Der Sieger auf dem Schlachtfeld hatte das Blut und das Leid des bezwungenen Feindes unmittelbar vor Augen.

Heutzutage ist die Situation weitaus entsetzlicher: Jemand kann irgendwo in einer militärischen Kommandozentrale einen Knopf drücken und dadurch Millionen Menschen umbringen, ohne die menschliche Tragödie, die er ausgelöst hat, jemals zu Gesicht zu bekommen. Die Mechanisierung des Krieges, die Mechanisierung menschlicher Konflikte stellen eine zunehmende Bedrohung für den Frieden dar.

❀

Wir wissen, dass es im Fall eines Atomkrieges keine Sieger geben wird, da es keine Überlebenden geben wird. Ist es nicht beängstigend, sich über eine derart unmenschliche und herzlose Zerstörung

Gedanken machen zu müssen? Wäre es daher nicht logisch, die potenzielle Ursache unserer Selbstzerstörung zu beseitigen, wenn diese uns bekannt ist und wir über die Zeit und über die Mittel dazu verfügen?

Häufig können wir ein Problem nicht lösen, weil wir entweder nicht wissen, welche Ursachen es hat, oder weil wir diese nicht beseitigen können. Dies trifft auf die Bedrohung durch Massenvernichtungswaffen nicht zu. Sie sind die weitaus größte Gefahr, mit der die Menschheit nach wie vor konfrontiert ist – genauer gesagt alle Lebewesen auf unserem Planeten.

Ich möchte einen Appell an alle maßgeblichen Politiker der militärischen Großmächte richten, die buchstäblich die Zukunft der Welt in der Hand haben, an die Wissenschaftler und Techniker, die diese Schrecken einflößenden Vernichtungswaffen herstellen, und generell an all jene Menschen, denen eine Einflussnahme auf ihre politische Führung möglich ist. An sie appelliere ich: Machen Sie bitte von Ihrem gesunden Urteilsvermögen Gebrauch – demontieren und zerstören Sie sämtliche Massenvernichtungswaffen!

❧

Ein zentrales Problem der menschlichen Gemeinschaft unserer Zeit sind die Menschenrechte. Der hohe Entwicklungsstand von Wissenschaft und Technik lässt es heute möglich erscheinen, dass wir fast jedes materielle Menschheitsproblem lösen können – Armut, Krankheit und so weiter. Diese Technologien lösen aber auch ob ihrer destruktiven Kraft große Angst aus.

Wenn wir solche Befürchtungen haben wie zum Beispiel die vor den zerstörerischen Wirkungen der Massenvernichtungswaffen, werden wir darunter sehr leiden – es sei denn, *in uns* herrscht Frieden. Außer dem gewöhnlichen menschlichen Leid, das unvermeidbar ist, haben wir obendrein diese Furcht, leiden wir unter dem Gefühl einer ständigen Bedrohung. Umso mehr bedürfen wir deshalb der Lehren von Mitgefühl und Brüderlichkeit.

Für ein Zusammenleben auf diesem Planeten benötigen wir Güte, brauchen wir eine Atmosphäre voller Liebe und Güte, und nicht von Wut und Zorn. Um Probleme zu lösen, brauchen wir eine warmherzige Atmosphäre.

❋

Niemand weiß, was in ein paar Jahrzehnten oder Jahrhunderten geschehen wird, welche negativen Konsequenzen zum Beispiel die Abholzung der Wälder auf die Witterungsbedingungen, die Bodenbeschaffenheit oder die Niederschlagsmengen haben wird.

Viele unserer Probleme rühren daher, dass Menschen sich auf egoistische Eigeninteressen konzentrieren, nur ans Geld und nicht an das Ganze der menschlichen Gemeinschaft denken. Sie denken nicht an die Erde und an die langfristigen Auswirkungen ihres Handelns auf die Menschheit insgesamt. Wenn wir uns in der jetzigen Generation über diese Probleme keine Gedanken machen, werden die kommenden Generationen sie möglicherweise nicht mehr bewältigen können.

❋

Jede Nation sollte das unveräußerliche Recht aller Menschen auf Glück anerkennen. Und den Nationen untereinander muss genauso am Wohlergehen selbst der kleinsten Nation gelegen sein.

Damit will ich allerdings nicht sagen, ein politisches System sei besser als das andere und deshalb sollten es alle übernehmen. Im Gegenteil. Es ist wünschenswert, eine Reihe unterschiedlicher politischer Systeme und Weltanschauungen zu haben. Das bereichert die menschliche Gemeinschaft, solange sämtliche Völker die Freiheit haben, selbstbestimmt ihr eigenes politisches und sozioökonomisches System zu entwickeln.

Wird den Menschen in den armen Ländern das Glück versagt, nach dem sie Verlangen haben und das sie verdienen, werden sie selbstverständlich unzufrieden sein, und dies wird für die reichen Länder ein Problem darstellen. Wenn eine Nation einer anderen gegen ihren Willen soziale, politische und kulturelle Normen aufnötigt, ist es fraglich, ob wir den Weltfrieden erreichen können.

Die kompliziertesten Probleme auf der Welt, für die großenteils die hoch entwickelten Industrienationen verantwortlich sind, beruhen darauf, dass man in diesen Ländern dem materiellen Fortschritt übermäßigen Wert beimisst. Dieser ist zur Gefahr für jene Merkmale unseres gemeinsamen Kulturerbes geworden, die in der Vergangenheit die Menschen zu Aufrichtigkeit, Selbstlosigkeit und spiritueller Weiterentwicklung inspiriert haben.

Für mich ist klar, dass materieller Fortschritt allein die althergebrachten spirituellen oder humanitären Werte nicht ersetzen kann, die für die Entwicklung zur Weltkultur, wie wir sie heute kennen, verantwortlich sind. Meiner Meinung nach sollten wir versuchen, ein Gleichgewicht zwischen dem materiellen und dem spirituellen Wachstum zu erzielen.

Vielfach habe ich gehört, wie die Menschen im Westen sich über den materiellen Fortschritt beklagen, obwohl doch paradoxerweise ebendieser Fortschritt der Stolz der westlichen Welt ist. Eigentlich habe ich an materiellem Fortschritt nichts auszusetzen; jedenfalls so lange nicht, wie der Mensch Vorrang gegenüber seinen Schöpfungen genießt.

Das materialistische Wissen hat außerordentlich viel zum Wohlstand der Menschen beigetragen. Dauerhaftes Glück kann es jedoch nicht hervorbringen. In den Vereinigten Staaten, wo die technologische Entwicklung wahrscheinlich weiter vorangeschritten ist als in irgendeinem anderen Land, gibt es nach wie vor sehr viel seelisches Leid. Denn ein materialistisches Wissen kann einzig und allein solches Glück spenden, das von materiellen Voraussetzungen abhängt. Jenes Glück, das aus einer von äußeren Faktoren unabhängigen inneren Entwicklung erwächst, vermag es nicht zu gewähren.

Da jeder von uns seinen Platz auf dieser Welt hat, müssen wir versuchen, den Menschen in aller Welt, unseren Brüdern und Schwestern, mit einer positiven Einstellung, mit Wohlwollen zu begegnen.

Ein tibetischer Mönch in Indien.

In meinem speziellen Fall kämpfen wir Tibeter beharrlich um unsere Rechte. Manche Menschen sagen, der Status Tibets sei lediglich eine politische Frage. Meines Erachtens trifft das jedoch nicht zu. Wir Tibeter haben ein ganz spezifisches und unverwechselbares kulturelles Erbe, genau wie die Chinesen. Den Chinesen gegenüber hegen wir keinen Hass. Vielmehr empfinden wir größte Hochachtung vor der reichen chinesischen Kultur, die so viele Jahrhunderte umspannt. Aber auch wenn wir Hochachtung vor den Chinesen haben und nicht gegen sie eingenommen sind, haben wir sechs Millionen Tibeter ein ebenso großes Recht wie sie, unsere Kultur zu erhalten und zu entwickeln, solange wir dadurch niemand anderem schaden.

Materiell gesehen sind wir rückständig, aber in spiritueller Hinsicht, in Bezug auf die Geistesentwicklung, sind wir ziemlich reich. Wir Tibeter sind Buddhisten und praktizieren den Buddhismus in seiner vielleicht umfassendsten Form – unter Einbeziehung sämtlicher Aspekte der buddhistischen Lehren, auch der tantrischen –, und durch unsere hingebungsvolle Praxis haben wir eine sehr lebendige Überlieferung aufrechterhalten können.

Im vergangenen Jahrhundert sind wir eine friedliche Nation mit unserer unverwechselbar eigenen Kultur gewesen. Seit einigen Jahrzehnten wird diese Nation und Kultur nun aber mutwillig zerstört. Wir mögen unsere Kultur und unser Land, und wir haben das Recht, beides zu bewahren.

Es lohnt sich, glaube ich, diese Kultur, diese Nation zu erhalten und so einen Beitrag zur Weltgesellschaft zu leisten. Deshalb setze ich mich unbeirrt für unsere Bewegung ein. Zwar halten manche Menschen das für ein rein politisches Anliegen. Doch ich weiß, dass dies nicht zutrifft. In den Dienst unserer Sache stelle ich mich mit der Motivation, der Menschheit zu dienen. Ich tue es nicht um der Macht willen, nicht aus Hass; nicht nur als Tibeter, sondern als Mensch.

❁

Viele ausländische Besucher, die zu den tibetischen Siedlungen in Indien und Nepal kommen, um die tibetische Kunst und Kultur kennen zu lernen, fragen uns bei ihrer Abreise oft: »Wie kommt es bloß, dass ihr Tibeter ungeachtet eures Leids offene, geradlinige Menschen seid und ein glückliches Leben führt? Worin besteht eigentlich euer Geheimnis?«

Wir haben kein Geheimnis. Aber unsere Kultur beruht in hohem Maß auf Mitgefühl. Wir sind es gewöhnt, bei allen erdenklichen Gelegenheiten zu sagen: »Alle empfindenden Wesen sind unsere Väter und Mütter.« Jemand mag wie ein Schurke oder Räuber aussehen; dennoch ist seine Gesinnung ebenfalls von der Vorstellung geprägt, dass alle empfindenden Wesen unsere Mütter sind.

So sind diese Gedanken auch für mich stets ein Teil meiner persönlichen Praxis. Meiner Meinung nach besteht darin die wahre Ursache von Glück.

❁

Stets habe ich darauf vertraut, dass die menschliche Entschlossenheit und die Wahrheit gegenüber Gewalt und Unterdrückung letzten

Endes die Oberhand gewinnen werden. Überall auf der Welt haben sich in den vergangenen Jahren bedeutende Wandlungsprozesse vollzogen, möglicherweise mit tief greifenden Auswirkungen auf unsere Zukunft: auf die Zukunft der gesamten Menschheit und des Planeten, den wir alle miteinander teilen. Mit beherzten Schritten wurden in der Weltpolitik alte Machtstrukturen verändert und die friedliche Beilegung von Konflikten erleichtert. Für die Hoffnung auf Frieden, auf ein größeres ökologisches Verantwortungsbewusstsein und auf humanere Ansätze zur Lösung globaler Probleme besteht offenbar mehr Anlass als je zuvor.

※

Ohne Geistesstärke ist innerer Friede unmöglich

Wut ist vielleicht das schwierigste Problem,
das der Welt heutzutage zu schaffen macht.

Ich denke, in Ihrer emotionalen Einstellung, Ihrer Einstellung zu anderen Menschen, liegt die Essenz allen spirituellen Lebens. Sobald Sie eine unverfälschte und aufrichtige Motivation haben, ergibt sich alles andere von alleine. Güte, Liebe, Respekt und das klare Bewusstsein von der Einheit aller Menschen sind die Grundlage, auf der Sie diese gesunde Einstellung zu Ihren Mitmenschen entwickeln können.

Warum ist diese Einstellung so wichtig? – Weil solch eine Motivation bei allem, was wir tun, den anderen zugute kommt. Sie können dann mit lauterem Herzen Ihrer Arbeit nachgehen – in der Landwirtschaft, im Maschinenbau, als Ärztin, als Rechtsanwalt, als Lehrerin –, und Ihr Beruf wird für Sie zu einem Mittel, der menschlichen Gemeinschaft wirklich von Nutzen zu sein.

Der Mensch ist so beschaffen, dass er nicht nur über materielle Annehmlichkeiten, sondern auch über geistige Stärke verfügen sollte. Ohne Geistesstärke kann man schwerlich inneren Frieden erreichen und ihn wahren.

❀

Um die Weisheitsmotivation aufrechtzuerhalten, braucht man innere Stärke. Wenn wir innerlich nicht gereift sind, verlieren wir hin und wieder vielleicht das Selbstvertrauen und werden entmutigt. Verlieren wir aber unseren Mut und unser Selbstvertrauen, so wird das Leben schwierig.

❀

Aufgrund der modernen technischen Entwicklungen können wir weit ins Weltall hinaus fliegen. Im Hinblick auf die Beschaffenheit des Geistes bleibt hingegen noch vieles auszuloten und zu bedenken.

Zwei Beispiele: Worin besteht die letztendliche Essenz des Geistes? Welcher Geisteszustand verleiht uns innere Stärke? – Diesbezüglich gibt es viele Ratschläge und Regeln. Doch sie alle laufen auf *eines* hinaus: Liebe und Mitgefühl. In den buddhistischen Lehren findet man viele wirkungsvolle Methoden, die dem Geist zu mehr Mitgefühl und Liebe verhelfen.

❀

Der buddhistischen Psychologie zufolge resultieren unsere Probleme zum Großteil aus unserem starken Verlangen nach Dingen, die wir fälschlich für dauerhafte Gebilde halten, und auf unserem Anhaften an ihnen. Bei der Jagd nach den Objekten unserer Begierde und Anhaftung machen wir unter anderem auch von dem vermeintlich wirkungsvollen Mittel eines aggressiven und konkurrenzbezogenen

Denkens Gebrauch. Diese Gedankenprozesse werden leicht in Handlungen umgesetzt, und ihre sichtbare Auswirkung ist dann eine aggressive, streitlustige Haltung.

Im menschlichen Geist laufen solche Prozesse seit undenklich langer Zeit ab. Unter den Bedingungen der modernen Welt richten sie allerdings immer größeren Schaden an. Was können wir tun, um diese »Gifte« – Irrtum und Täuschung, Gier, Aggression, Wut – unter Kontrolle zu bekommen? Denn schließlich zeigt sich die Wirkung dieser Gifte in fast allen Misshelligkeiten dieser Welt.

❀

Unsere Wut, unser Stolz und dergleichen stellen für die Entwicklung einer altruistischen Einstellung Hindernisse dar. Sie verhindern, beeinträchtigen sie. Wenn solche Emotionen aufkommen, sollte man ihnen darum keinen freien Lauf lassen, sondern Gegenmittel einsetzen, um ihnen Einhalt zu gebieten.

Wut, Stolz, Konkurrenzdenken und dergleichen sind unsere wirklichen Feinde. Da jeder von uns schon mal irgendwann wütend war, wissen wir aus eigener Erfahrung, dass man unter dem Einfluss von Wut nicht glücklich sein kann.

Könnte man sich einen Arzt vorstellen, der als Medizin zur Behandlung einer Krankheit Wut verordnet oder sagt, man brauche nur wütend zu werden, um einen glücklicheren Menschen aus sich zu machen?

❀

Wird Ihr Geist von Wut übermannt, geht Ihnen das Beste verloren, was der menschliche Verstand zu bieten hat: Weisheit – die Fähigkeit, zwischen richtig und falsch zu unterscheiden. Wut ist vielleicht das schwierigste Problem, das der Welt heutzutage zu schaffen macht.

❀

Bescheidenheit verstärkt die guten Eigenschaften eines Menschen. Durch Stolz hingegen wird man auf andere eifersüchtig; man wird wütend auf sie und schaut auf sie herab. Das bringt Kummer und Leid über die menschliche Gemeinschaft.

❀

Liebe ist ein menschlicher Gemütszustand, der sich rasch wandeln kann. Wenn bestimmte Probleme auftreten, werden Sie vielleicht Wut oder Hass verspüren. Um sich in Toleranz zu üben, müssen Sie zunächst einmal Ihre Wut zügeln. Manche Menschen meinen vielleicht, es sei besser, die Wut zum Ausdruck zu bringen, statt sie zu zügeln. Doch lassen sich zwei Arten von Vorstellungen unterscheiden, und die Vorstellungen der einen Art sollte man lieber im Zaum halten.

Eine Kategorie von Vorstellungen beinhaltet Gedanken, die zu Niedergeschlagenheit und dergleichen führen können. In diesem Fall ist es zweifellos von Vorteil, wenn man die Gedanken zum Ausdruck bringen kann. Daneben gibt es jedoch noch eine ganz andere Kategorie von Vorstellungen. Hass (aber auch Liebe zum Beispiel) verringern sich nicht, sobald man sie zum Ausdruck bringt. Sie werden im Gegenteil umso stärker. Dies zeigt uns die eigene Erfahrung, sobald Begierde, Hass und dergleichen in uns aufkommen. Wir können diese Emotionen dann beobachten und nach Mitteln und Wegen suchen, sie abzuschwächen. Gelingt es uns, die Wut unter Kontrolle zu bekommen – eine Änderung, die wir selbst vornehmen können –, und vergegenwärtigen wir uns gleichzeitig auch, wie wichtig das Wohl der anderen ist, so können wir mithilfe dieser Praxis die oben angesprochenen positiven Einstellungen erzielen.

Schauen Sie, letzten Endes kommt diese spirituelle Praxis *Ihnen* zugute. Wollen Sie »wahrhaft selbstbezogen«, zu einem *weisen* Egoismus fähig sein, so sollten Sie sich in dieser Praxis üben, die Ihnen zu wirklicher Ruhe und Gelassenheit verhilft. Und sobald Sie innerlich ruhig und friedvoll sind, werden Sie all diese Probleme leicht meistern können.

❀

Wir Menschen verfügen über ein wohlentwickeltes Gehirn und ein grenzenloses Potenzial. Selbst wilden Tieren kann man nach und nach Geduld beibringen. Daher kann man auch den menschlichen Geist darin schulen, Schritt für Schritt. Wenn Sie die entsprechenden spirituellen Übungen geduldig erproben, werden Sie das aus eigener Erfahrung bestätigen können.

Versucht zum Beispiel jemand, der leicht wütend wird, seine Wut unter Kontrolle zu bringen, wird ihm das mit der Zeit gelingen. Dasselbe gilt für einen sehr egoistischen Menschen. Zunächst einmal muss der Betreffende die Nachteile einer egoistischen Motivation und die Vorzüge einer weniger egoistischen Haltung erkennen.

Sobald man sich das klar gemacht hat, arbeitet man an der praktischen Umsetzung. Man versucht, seine schlechten Gewohnheiten unter Kontrolle zu bekommen und die guten Seiten stärker zu entwickeln. Im Laufe der Zeit kann solch eine Praxis sehr wirkungsvoll sein. Eine andere Möglichkeit, diese Dinge zu verbessern, haben wir nicht.

Wenn Sie Ihren Geist bändigen, bringt dies Glück. Mit einem ungebändigten Geist kann man unmöglich glücklich werden. Man muss ihn unbedingt stabilisieren. Tauchen im Geist getrübte (und damit zugleich den Geist trübende) Emotionen auf, lässt man sich durch sie zu allerlei negativen Handlungen verleiten. Vermag man dagegen zu erkennen, sobald diese getrübten Emotionen im Geist auftauchen, dass sie Manifestationen ebendieses Geistes sind, kommen die Emotionen und die auf ihnen beruhenden Handlungen zur Ruhe. Milarepa beschreibt das so: »Wie Wolken, die aus der Weite des Raumes auftauchen und auch dorthin wieder verschwinden.«

Die eine oder der andere von Ihnen hat vielleicht das Gefühl, dass Sie Ihre Unabhängigkeit verlieren, wenn Sie den Geist nicht einfach umherschweifen lassen, wie es ihm beliebt, sondern versuchen, ihn unter Kontrolle zu bekommen. Doch das ist nicht der Fall.

Falls Ihr Geist korrekt arbeitet, verfügen Sie bereits über die richtige Sicht. Arbeitet Ihr Geist hingegen nicht korrekt, so ist es einfach notwendig, Kontrolle über Ihren Geist zu entwickeln.

Wenn Sie fragen: »Ist es möglich, sich von getrübten Emotionen vollständig zu befreien, oder muss man sie auf der Stelle unterdrücken?«, so lautet die Antwort aus buddhistischer Sicht: Die relative oder konventionelle Natur des Geistes ist klares Licht. Und die letztendliche Natur des Geistes ist ebenfalls klares Licht. Von einem relativen Standpunkt aus betrachtet sind diese getrübten Emotionen also lediglich etwas Äußeres und können vollständig bereinigt werden.

In der inneren Finsternis, die wir als Unwissenheit bezeichnen, hat das Leid seine Wurzeln. Je mehr Licht zu uns vordringt, umso geringere Verfinsterung wird zurückbleiben. Nur so erreichen wir Befreiung, *Nirvana*.

Wenn sich all Ihre Energie und all Ihr Denken auf Besitz und Reichtum konzentriert, auf materielle Dinge (all jenen Reichtum, der zu *diesem* Leben gehört), kommt Ihnen das im Höchstfall hundert Jahre lang zugute. Selbst wenn Sie unter den heutigen Lebensbedingungen lange leben sollten, kommen Sie im Höchstfall auf etwa 100 Jahre. Dann müssen Sie sterben, spätestens dann. Denn wann Sie tatsächlich sterben, ist vollkommen ungewiss.

Gleichgültig aber, über welche Reichtümer und sonstigen Mittel Sie in diesem Leben verfügen – im Augenblick des Todes wird Ihnen das überhaupt nicht weiterhelfen. Selbst wenn Sie zu großem Reichtum gelangt, ja zum Millionär oder Milliardär geworden sein sollten, spielt das an Ihrem Todestag keine Rolle. Wie viel Geld auch immer

Sie auf der Bank haben mögen, nicht einen einzigen Pfennig können Sie mitnehmen. Ob nun ein reicher Mensch oder ein wildes Tier stirbt, im Angesicht des Todes sind beide gleich.

※

Verwenden wir unseren menschlichen Verstand auf Belanglosigkeiten, so ist das sehr schade. Wenn wir unsere Zeit bis zum Augenblick des Todes ausschließlich mit den Angelegenheiten *dieses* Lebens verbringen, ist das äußerst bedauerlich und zeugt von keiner gesunden Einstellung. Ja, es ist grundverkehrt. Das sollten wir erkennen.

Sobald uns das klar ist, steht das jetzige Leben für uns weniger ausschließlich im Vordergrund. Es heißt in spirituellen Traditionen oft, dass wir diesem Leben entsagen sollen. Das bedeutet allerdings nicht, dass wir Hunger leiden oder uns um dieses Leben überhaupt nicht kümmern sollen. Wir sollten bloß weniger an jenen Dingen haften, die einzig und allein für dieses Leben von Belang sind.

Verstellt uns aber die Erscheinungswelt des jetzigen Daseins nicht mehr so sehr den Blick für die Dinge, die uns möglicherweise in künftigen Existenzen erwarten, müssen wir uns auch diese genau anschauen. Denn selbst wenn uns die Zukunft eine günstige Wiedergeburt bringen sollte, wird es im Anschluss an jenes Leben ein weiteres Leben geben, danach wieder ein neues Leben und so weiter.

※

Toleranz und Geduld

***

Toleranz wird Sie letztlich immer nur ein Mensch lehren,
der Ihnen feindlich gesinnt ist.

Für unser menschliches Dasein ist Toleranz sehr wichtig. Verfügen Sie über Toleranz, so können Sie Schwierigkeiten leicht überwinden. Wenn man hingegen wenig oder gar keine Toleranz hat, führt selbst die kleinste Kleinigkeit gleich zu Irritationen. In einer schwierigen Situation stellt sich dann leicht eine Überreaktion ein.

Was meine persönlichen Erfahrungen anbelangt, so habe ich den Eindruck gewonnen, dass es fast überall auf der Welt an Toleranz fehlt und wir sie üben sollten.

❀

Wer lehrt Sie also Toleranz? Mitunter lernen Sie vielleicht von Ihren Kindern, Geduld zu haben. Toleranz jedoch wird Sie letztlich immer ein Mensch lehren, der ihnen feindlich gegenübertritt. Solch ein Mensch ist also Ihr wahrer Lehrer. Wenn Sie Ihrem Feind nicht mit Wut, sondern mit Respekt begegnen, werden Sie mehr Mitgefühl entwickeln – wirkliches Mitgefühl, das auf festen Überzeugungen beruht.

Schenken Sie einem Lehrer Ihrer Wahl das Vertrauen, so können Sie manches über die Bedeutung von Geduld lernen, erhalten allerdings keine Gelegenheit, tatsächlich geduldig zu sein. Die eigentliche Praxis, die tatsächliche Geduldsübung, findet erst statt, wenn Sie auf einen Menschen treffen, der Ihnen feindlich gegenübertritt.

Nur solche Menschen können uns lehren, innere Qualitäten wie Mitgefühl und Toleranz wirklich zu leben.

Wenn es heißt, man solle geduldig sein und Schwierigkeiten ertragen, so bedeutet das nicht, dass man klein beigeben, sich immer schnell geschlagen geben soll. Herzensstärke und geistige Kraft sind das eigentliche Ziel, das man mit der spirituellen Praxis des Sich-Übens in Geduld anstrebt. Außerdem möchte man innerlich ruhig bleiben. In solch einer Atmosphäre ruhiger Gelassenheit können Sie dann durch den Umgang mit anderen Menschen allmählich lernen, weise zu sein.

Sobald Sie die Geduld verlieren, Ihr Verstand von Emotionen überwältigt und lahm gelegt wird, geht Ihnen die Fähigkeit zur Analyse verloren. Sind Sie hingegen aufgrund Ihrer altruistischen Einstellung geduldig, büßen Sie Ihre geistige Kraft nicht ein, sondern können diese sogar noch steigern und Ihre analytischen Fähigkeiten nutzen, um herauszufinden, auf welche Weise Sie die Negativität, mit der Sie konfrontiert sind, überwinden können.

Ein buddhistischer Mönch bei einem rituellen Tanz.

Sie müssen sich darin üben, wohlwollend zu sein, und die Unterweisungen befolgen. Wenn Sie allerdings stets Toleranz und Mitgefühl an den Tag legen, wird der eine oder die andere gelegentlich vielleicht versuchen, dies zum eigenen Vorteil auszunutzen. Bei solchen Gelegenheiten sollten Sie unter Umständen, um nicht ausgenutzt zu werden, zu geeigneten Maßnahmen greifen, ohne dabei allerdings Ihre Gelassenheit, Ihr Mitgefühl einzubüßen. Sich so zu verhalten macht Sinn. Denn Sie müssen auch das Extrem vermeiden, sich ausnutzen zu lassen. Immer und überall muss man die beiden Extreme meiden. Das Gleiche gilt, wenn Sie allzu großen Hunger leiden – und ebenso, wenn Sie sich mit Nahrung voll stopfen.

❋

Glück und Mitgefühl

———— ✸ ————

In einem Punkt aber gleichen sich alle – wir, unsere Freunde
und alle Lebewesen: Wir wollen glücklich sein und nicht leiden.
Darin sind wir alle gleich.

Eigentlich gibt es zwei Arten von Freude und Leid: körperliche und geistige Freude sowie körperliches und geistiges Leid. Unser materialistischer Fortschritt zielt auf jenes Glück, das vom Körper herrührt, beziehungsweise auf Befreiung von körperlich verursachtem Leid. Tatsächlich ist es jedoch schwierig, uns mit solchen, letztlich äußeren Mitteln von allem Leid zu befreien – finden Sie nicht?

Demnach macht es einen großen Unterschied, ob unser Streben nach Glück von materiellen Dingen oder vom eigenen Denken abhängt. Je nach persönlicher Einstellung können wir dasselbe Leid auf höchst unterschiedliche Weise erfahren. Unsere Geisteshaltung spielt daher für das Leben, das wir führen, eine ganz entscheidende Rolle.

✸

Materielle Annehmlichkeiten zu haben und sich mit materiellen Fragen auseinander zu setzen sind unabdingbare Notwendigkeiten für eine Gesellschaft, ein Land, eine Nation. Das ist vollkommen unumgänglich. Andererseits können materieller Fortschritt und Wohlstand als solche keinen inneren Frieden bringen.

Innerer Frieden muss von innen kommen. Vieles hängt von der Einstellung ab, die wir zum Leben, zu anderen Menschen, vor allem aber zu unseren Problemen haben. Wenn zwei Menschen mit gleichartigen Problemen konfrontiert werden, kann sich der eine aufgrund seiner Einstellung dem Problem möglicherweise viel leichter stellen als der andere. Die innere Einstellung kann einen sehr großen Unterschied machen.

❀

Ein wohlwollender Geist, ein gutes Herz, ein freundliches Wesen – darauf kommt es an. Ohne solch eine wohlwollende Gesinnung können Sie nicht zur eigenen Zufriedenheit wirken. Sie können nicht glücklich sein. Und so wird auch Ihre Familie, werden Ihr Partner, Ihre Kinder, Ihre Nachbarn nicht glücklich sein.

Und dies beeinträchtigt den Geist aller anderen, von Land zu Land, von Kontinent zu Kontinent. Haben Sie hingegen eine positive Einstellung, eine wohlwollende Gesinnung, ein gutes Herz, so trifft das Gegenteil zu.

Mit anderen Worten: Liebe, Mitgefühl und Güte sind für die menschliche Gemeinschaft von allergrößter Bedeutung. Sie sind ausgesprochen kostbar und auch für *Ihr* Leben wirklich unentbehrlich. Der Versuch, eine entsprechend wohlwollende, herzensgute Gesinnung zu entwickeln, lohnt also die Mühe.

❀

Um mehr Wertschätzung für andere zu entwickeln, sollten wir zunächst einmal Folgendes bedenken: Von uns selbst eine hohe Meinung zu haben ist ein Fehler, anderen mit Wertschätzung zu begegnen ist eine gute Eigenschaft. Wenn wir andere Menschen schätzen, sind nicht nur die anderen glücklich, sondern auch wir selbst, innerlich wie äußerlich.

Sei es nun in Bezug auf die Familie oder in Bezug auf die weltweite Völkerfamilie, wenn wir im jeweiligen Bereich auf der Grundlage unserer Wertschätzung für die anderen handeln, so werden wir mit unseren gemeinsamen Bemühungen Erfolg haben können. Die meisten guten oder nützlichen Dinge auf der Welt ergeben sich aus einer Haltung der Wertschätzung für andere.

Das Gegenteil trifft ebenso zu. Schätzen wir *uns* mehr als andere, so beschwören wir Leid in vielerlei Form herauf, innerlich wie äußerlich, für uns selbst ebenso wie für unser Umfeld. Deshalb muss unser Bemühen dort ansetzen, wo die Güte ihre Wurzeln hat. Mit anderen Worten: wir müssen uns um ein gutes Herz, um Herzenswärme bemühen.

Wollen wir die positive Grundeinstellung verstärken, so müssen wir bedenken, dass jene Art von Nähe, die uns mit dem Kreis unserer Freunde verbindet, sehr klein und unbedeutend ist und sich nicht ewig fortsetzen lässt. Wir müssen sie verändern, intensivieren und ausweiten.

❀

Unnötig zu erwähnen, dass ungleich größere Zufriedenheit herrscht, wenn nicht nur man selbst, sondern eine Vielzahl von Menschen glücklich ist.

❧

Wenn Sie für alle empfindenden Wesen, insbesondere für die, die Ihnen feindlich gegenübertreten, Liebe und Mitgefühl aufbringen, so handelt es sich um wahre Liebe und wahres Mitgefühl. Hingegen ist die Art von Liebe oder Mitgefühl, die Sie Ihren Freunden, Ihrer Frau, Ihrem Mann oder Ihren Kindern gegenüber an den Tag legen, letztlich keine wahre Güte, sondern Anhaftung. Diese Art von Liebe kann nicht grenzenlos sein.

❧

Ihren Angehörigen gegenüber erweisen Sie sich normalerweise als liebevoller und wohlwollender Mensch. Solches Wohlwollen ist von Zuneigung motiviert, von Verlangen. Deshalb wandeln sich auch Ihre Empfindungen, sobald die betreffende Person sich einmal von einer anderen Seite zeigt und sich zum Beispiel ein wenig ungehobelt verhält. Bei dieser Art von Mitgefühl oder Liebe handelt es sich noch nicht um richtiges Mitgefühl, richtige Liebe. Aus diesem Grund ist es anfangs notwendig, sich diese positiven Einstellungen durch Übung anzueignen.

Wut, Hass, Eifersucht – angesichts dieser Emotionen findet man keinesfalls Frieden. Durch Mitgefühl und Liebe hingegen können wir viele Probleme lösen, können wir wahres Glück, wirkliche Abrüstung erreichen.

Eins der wichtigsten Dinge ist Mitgefühl. In keinem großen Berliner, Londoner oder New Yorker Kaufhaus wird es uns zum Kauf angeboten. Wir können es auch mit keiner Maschine herstellen, sondern nur durch einen inneren Entwicklungsprozess herbeiführen. Ohne inneren Frieden ist der Weltfrieden keinesfalls zu haben.

❀

Wie kann man nun dieses Mitgefühl entwickeln?

Zunächst einmal müssen Sie erkennen, dass bei einem unvoreingenommenen Vergleich die anderen aufgrund ihrer ungleich größeren Anzahl weit wichtiger sind als Sie.

Wenn Sie Ihre Fantasie nicht nur darauf verwenden, sich Dinge auszudenken, lässt sie sich auch sehr wirkungsvoll zur Verdeutlichung bestimmter Sachverhalte einsetzen.

Bitte stellen Sie sich zwei Parteien vor: einerseits die Gesamtheit aller Menschen, eine unvorstellbar große Anzahl; und als Gegenpart auf der anderen Seite einzig und allein Ihr selbstsüchtiges Ich.

Versetzen Sie sich nun bitte in die Perspektive eines unvoreingenommenen Dritten. Wenn Sie es richtig bedenken, würden Sie dann für die selbstsüchtige Einzelperson Partei ergreifen oder für die andere Seite mit der unermesslich großen Zahl von Menschen? – Natürlich fühlen Sie sich der riesengroßen Menschenschar weit stärker verbunden, eben weil es sich um so viele Menschen handelt.

Von Ihrem Menschsein her sind aber beide Parteien gleich. Beide haben das Verlangen nach Glück. Nur in numerischer Hinsicht besteht ein Unterschied. Wenn also diese unermesslich vielen Men-

Mönche aus dem Kloster Tashi Namgyal (Dharamsala) bei der sorgsamen Ausgestaltung eines Kalachakra-Mandalas mit feinkörnigem, gefärbten Sand. Die überaus komplexen Rituale der Kalachakra-Einweihung sind der Erleuchtung aller Wesen gewidmet, dem Frieden und dem physischen Gleichgewicht jedes Einzelnen und des Weltganzen.

schen weit wichtiger sind als ein einziger, werden Sie sich selbstverständlich auf ihre Seite stellen.

Auf diese Weise können Sie erkennen, dass die anderen viel wichtiger sind als Sie und dass Sie sich mit all Ihren Fähigkeiten für ihr Wohl einsetzen sollten.

❀

Zur Entwicklung von Mitgefühl können Sie sich selbst zunächst einmal als neutrale Person visualisieren. Dann visualisieren Sie auf der rechten Seite Ihr altes Ich – jemanden, der lediglich nach eigenem Wohlergehen strebt, sich über seine Mitmenschen keinerlei Gedanken macht, andere bei jeder sich bietenden Gelegenheit ausnutzt und niemals zufrieden ist.

Visualisieren Sie anschließend auf der linken Seite Ihres neutralen Ichs eine Gruppe leidender und hilfsbedürftiger Menschen. Vergegenwärtigen Sie sich, dass alle Menschen das natürliche Verlangen haben, glücklich zu sein und sich von Leid zu befreien.

Jeder möchte glücklich sein, und niemand legt Wert auf Torheit oder auf einen derart selbstsüchtigen, unzufriedenen Menschen. Bei der Besinnung darauf sollten Sie sich von Weisheit leiten lassen, nicht von Selbstbezogenheit. Und mag auch Ihr Denken von Selbstbezogenheit nicht völlig frei sein, so sollte es sich zumindest nicht um eine engstirnige, sondern um eine offene Selbstbezogenheit handeln.

Falls Ihnen etwas daran liegt, ein guter, ein möglichst vernünftiger und klar denkender Mensch zu sein, werden Sie es wohl kaum diesem engstirnigen, egoistischen Menschen auf der rechten Seite gleichtun wollen. Zu diesem selbstsüchtigen, habsüchtigen, missvergnügten Einzelgänger wollen Sie sich sicherlich nicht hinzugesellen. Eher wird Ihnen danach zumute sein, sich von der egoistischen Einzelperson klar abzugrenzen und sich der Menschenschar auf der gegenüberliegenden Seite anzuschließen.

Wenn Sie diese Visualisation durchführen, wird Ihr Herz für die Mehrheit schlagen. Je stärker Sie sich der Mehrheit verbunden fühlen, umso größeren Abstand gewinnen Sie von dem zuvor beschriebenen Egoismus.

Da *Sie* ja derjenige sind, der hier meditiert, wird dadurch Ihre altruistische Gesinnung mehr und mehr gestärkt. Es bringt großen Nutzen, diese Praxis täglich durchzuführen.

❁

Das Streben nach Erleuchtung
zum Wohl aller Wesen

*Buddhaschaft, die vollkommene Erleuchtung, lässt sich nur
zum Wohl der empfindenden Wesen verwirklichen.*

Wenn schon *ein* Mensch kein Leid ertragen kann, muss man da noch
erwähnen, um wie viel weniger erst *alle* Menschen Leid ertragen können? Wer sich anderer Menschen für eigene Zwecke bedient, handelt
daher falsch. Vielmehr sollte man sich für das Wohl der anderen einsetzen, den anderen mit allen körperlichen, sprachlichen und geistigen Fähigkeiten von Nutzen sein. So sollte man sich verhalten!

Man muss also eine altruistische Gesinnung entfalten· den
Wunsch entwickeln, den anderen möge es immer besser gehen,
indem ihnen wirkliches Glück zuteil wird und sie sich vom Leid
befreien können.

Wenn wir uns anderen gegenüber wohlwollend zeigen, um im
Gegenzug etwas dafür zu bekommen, wenn wir uns zum Beispiel
dadurch einen guten Namen machen oder andere dazu bringen wollen, uns zu mögen, wenn es bei der Motivation unseres Handelns um

uns selbst geht, so handeln wir nicht wirklich wie ein Bodhisattva. Einsgerichtet zu sein bedeutet, dass man nur eine einzige Motivation hat, wenn man etwas gibt – anderen zu helfen.

❀

Wir sind auf die empfindenden Wesen angewiesen, um ein altruistisches Streben nach höchster Erleuchtung überhaupt hervorbringen zu können. Erst im Umgang mit ihnen können wir dem spirituellen Weg entsprechend handeln, um Erleuchtung zu erlangen. Und Buddhaschaft, die vollkommene Erleuchtung, lässt sich ebenfalls nur zum Wohl der empfindenden Wesen verwirklichen. Alles hängt demnach von den empfindenden Wesen ab. Sie sind in jeder Hinsicht die Voraussetzung für diese wunderbare innere Entwicklung. Deshalb sind sie sogar noch wertvoller als das wunscherfüllende Juwel. Man sollte ihnen allen mit Wohlwollen und Respekt begegnen.

❀

Für das Bodhisattva-Fahrzeug, den Mahayana-Buddhismus, gilt: Ausnahmslos jede spirituelle Praxis ist bereits in der Grundmotivation enthalten, zum Wohl aller empfindenden Wesen die höchste Erleuchtung des Buddha anzustreben, sofern dieses Streben nach Erleuchtung von Liebe und Mitgefühl inspiriert ist und durch die Praxis der sechs befreienden Qualitäten – die Vervollkommnung von Freigebigkeit und ethischer Disziplin, von Geduld, Ausdauer, meditativer Sammlung und Weisheit – in die Tat umgesetzt wird.

❀

Der Erleuchtungsgeist (*Bodhichitta*) besteht in dem Wunsch, zum Wohl aller empfindenden Wesen völlig ungetrübte Erleuchtung zu erreichen, uneingeschränkte, vollkommene Erleuchtung. Er beinhaltet ein doppeltes Bestreben: anderen zu helfen und, damit man dazu tatsächlich in der Lage ist, die eigene Erleuchtung zu verwirklichen.

Wie sich dieser altruistische Erleuchtungsgeist entwickeln lässt, können wir den detaillierten Unterweisungen zweier Überlieferungen entnehmen: Die so genannte »Methode von Ursache und Wirkung in sieben Punkten« geht auf Asanga zurück; die zweite Methode, »das Austauschen von uns selbst und anderen«, wurde von Nagarjuna auf Shantideva übertragen, und Shantideva hat sie eingehend erläutert.

Shantidevas Text »*Eintritt in das Leben zur Erleuchtung*« (*Bodhicharyavatara*) gibt uns einen wirklich hervorragenden Leifaden an die Hand. Nagarjunas »Der Kostbare Kranz« (*Ratnavali*) stellt die Grundzüge der Methode kurz dar. Er eignet sich als Quellentext, und Shantideva liefert die Erläuterungen dazu. Wer diesen altruistischen Erleuchtungsgeist hervorbringen will, für den sind diese beiden Texte geradezu unentbehrlich.

In der Meditation sollte man eine gleichmütige Einstellung entwickeln – das heißt, sämtlichen Wesen gegenüber gleich gesinnt, völlig unvoreingenommen sein – und dann darüber meditieren, dass alle empfindenden Wesen unsere Mütter, Väter, Brüder und Schwestern sind. Sobald man diese gleichmütige Einstellung sämtlichen Wesen gegenüber entwickelt, sobald man Begierde und Hass überwunden hat, muss man das Gefühl eigener Überlegenheit ablegen, das sich einstellen kann, wenn man die Menschen mit Gleichmut betrachtet.

Das kann auf zweierlei Art geschehen. Zum einen kann man eine altruistische Einstellung entwickeln; den Wunsch, diesen Wesen zu helfen, weil sie glücklich sein und nicht leiden wollen. Zum anderen können wir uns darauf besinnen, wie viel Güte uns die anderen Wesen erwiesen haben, wie sie uns geholfen haben, während zahlreicher Leben unsere Väter und Mütter gewesen sind und so weiter. Wie unangemessen wäre es da doch, ihnen Hilfe zu versagen. Indem wir uns das klar machen, können wir uns in der angemessenen Geisteshaltung üben, in dem Wunsch, ihnen möge geholfen und Glück zuteil werden.

Indem man sich solche Gedanken angewöhnt, wird der Geist schrittweise darin geübt. Macht sich ein äußerst selbstbezogener Mensch solche Gewohnheiten zu Eigen, wird er allmählich immer weniger selbstbezogen sein. Auf diese Weise kann man eine altruistische Einstellung zu seinen Mitmenschen entwickeln.

Wenn Sie in jedweder Situation – gleichgültig, womit Ihr Geist sich gerade beschäftigt – zugleich auch immer den starken Wunsch haben, das Wohl der empfindenden Wesen zu verwirklichen und um ihretwillen nach Erleuchtung zu streben, so haben Sie den Erleuchtungsgeist in angemessener Form hervorgebracht. Solch ein Wandel Ihrer Einstellung vollzieht sich nicht von einem Moment auf den anderen. Vielmehr verläuft er ganz allmählich, Schritt für Schritt.

Entwickeln Sie diese Einstellung langsam, aber stetig über lange Zeit weiter. Wenn Sie sich schließlich nach fünf oder zehn Jahren Ihren Lebensstil, Ihre Denkweise und so weiter anschauen und vergleichen, wie es früher in dieser Hinsicht bei Ihnen aussah und wie es jetzt aussieht, dann wird der Unterschied deutlich.

Hat man den Punkt erreicht, an dem jegliches Handeln stets auch von dem Wunsch mitgetragen wird, zum Wohl der empfindenden Wesen höchste Erleuchtung zu erlangen, dann ist es an der Zeit, mit dieser altruistischen Erleuchtungsmotivation in zeremonieller Form das Bodhisattva-Gelübde zu nehmen.

Zunächst bringt man den strebenden Erleuchtungsgeist hervor. Anschließend bedarf es der Schulung in jenen positiven Eigenschaften, die verhindern, dass sich dieses Streben im jetzigen oder in künftigen Leben verringert. Man darf sich jedoch nicht allein damit begnügen, dieses Streben hervorzubringen. Vielmehr muss man auch den angewandten Erleuchtungsgeist hervorbringen: den Vorsatz, zum Wohl der anderen Wesen *tatsächlich* erleuchtet zu werden. Die Absicht allein reicht nicht aus. Durch Geistesschulung muss man Einsicht in die Notwendigkeit gewinnen, sich den Übungen zur Verwirklichung der vollkommenen Erleuchtung zu widmen: den sechs befreienden Qualitäten (Vervollkommnung von Freigebigkeit und ethischer Disziplin, von Geduld, Ausdauer, meditativer Sammlung und Weisheit) beziehungsweise den zehn befreienden Qualitäten (zusätzlich zu den sechs befreienden Qualitäten sind dies Methode, Wunschgebete, Kraft und ursprüngliches Gewahrsein).

Hat man den Wunsch entwickelt, den angewandten Erleuchtungsgeist hervorzubringen, muss man sich um die praktische Umsetzung der Bodhisattva-Gelübde bemühen. Wenn man die sechs befreienden Qualitäten angemessen praktiziert, so kann man mit der Tantra- und Mantra-Praxis des Vajrayana-Buddhismus beginnen.

❀

Der Buddha hat alle Annehmlichkeiten eines häuslichen Daseins hinter sich gelassen, ist Mönch geworden, hat in Abgeschiedenheit meditiert und so weiter, um durch seine Lebensführung uns, seinen Anhängern, zu zeigen, was wir tun sollen. Wenn es für den Buddha ein hartes Stück Arbeit war, die Verwirklichung zu erreichen, können wir wohl schwerlich die gleiche Verwirklichung erreichen, indem wir es uns bequem machen.

❀

Der Weg der Befreiung

❀

Wenn ich Ihnen den Weg zur Befreiung aufzeige,
liegt es an Ihnen, diesen Weg tatsächlich zu beschreiten.

Die Befreiung liegt nicht außerhalb von uns. Sie ist nicht in etwas anderem zu finden – so, dass jemand sie uns geben könnte. Hat man alle getrübten Emotionen bereinigt und dadurch Befreiung erreicht, wird man unter gar keinen Umständen eine dieser Emotionen erneut hervorbringen. Das heißt, man wird keinerlei neues Karma anhäufen. Der Daseinskreislauf setzt sich nicht fort.

Die Verwirklichung oder Nichtverwirklichung der Befreiung hängt also davon ab, ob es uns gelingt, die getrübten Emotionen zu bereinigen. Dazu benötigen wir Weisheit. Die Entwicklung von Weisheit wiederum setzt voraus, dass wir das Ziel vor Augen haben, endgültig aus dem Daseinskreislauf hinauszugelangen. Wichtig ist also zunächst einmal, dass wir die Absicht entwickeln, den Daseinskreislauf hinter uns zu lassen.

❀

Um den Gedanken, sich aus dem Daseinskreislauf zu befreien, verinnerlichen zu können, muss man die Vorzüge der Befreiung und die

Das fertige Kalachakra-Mandala.

Schattenseiten des Daseinskreislaufs erkennen, aus dem man sich befreien will.

Worin aber besteht der Daseinskreislauf? Dharmakirtis These zufolge ist der Daseinskreislauf die Last der geistigen und physischen »Anhäufungen«, der psycho-physischen Komponenten, die aus unseren getrübten Emotionen und unserem negativen Karma resultieren.

Sobald diese aus den Geistestrübungen hervorgegangenen psycho-physischen Komponenten vorhanden sind, bilden sie die Grundlage für unser gegenwärtiges Leid. Da sie dem Einfluss der getrübten Emotionen und negativen karmischen Kräften aus der Vergangenheit unterliegen, haben sie keine Macht über sich selbst.

»Keine Macht über sich selbst haben« bedeutet: Obwohl wir glücklich sein und nicht leiden wollen, werden wir von vielerlei Leid bedrängt. Denn wir haben einen Geist und einen Körper, der unter dem Einfluss von getrübten Emotionen und negativen karmischen Kräften aus der Vergangenheit steht. Das ist der Grund. Und diese aus Geistestrübungen hervorgegangenen psycho-physischen Komponenten bringen uns auch in Zukunft Leid.

Die eine Sache ist es, die Lehre des Buddha mit Worten zu erklären – eine andere, sehr beschwerliche Angelegenheit hingegen, sie in die Tat umzusetzen. Wenn Sie die Lehre jedoch nicht in die Tat umsetzen, kann aufgrund einer bloßen Erklärung unmöglich ein gutes Resultat zustande kommen. Bleibt die mündliche Erklärung die einzige Ursache, wird entsprechend eine mündliche Erklärung auch die einzige Wirkung sein; und davon hätte man nicht viel, meinen Sie nicht auch?

Sind wir hungrig, so brauchen wir reale Nahrung. Niemandem ist damit gedient, wenn man ihm nur davon erzählt: »Wissen Sie, französisches Essen schmeckt sehr gut. Auch englisches Essen schmeckt sehr gut.« Und so weiter. Mit der Zeit werden Sie es leid sein, wenn man Ihnen immer nur davon erzählt, und es besteht die Gefahr, dass Sie wütend darüber werden.

Wenn ich Ihnen den Weg zur Befreiung aufzeige, liegt es an Ihnen, diesen Weg tatsächlich zu beschreiten. Bei Shantideva heißt es: »Es verhält sich wie bei einem Arzneimittel, bei dem bloßes Anfassen auch nicht ausreicht. Man muss die Arznei tatsächlich anwenden.«

❀

Gespräche mit S. H. dem Dalai Lama[*]

---------- ❀ ----------

Frage: Was halten Sie davon, wie der tibetische Buddhismus im Westen praktiziert wird?

Dalai Lama Es kommt darauf an, dass man sich die wesentlichen Dinge zu Eigen macht. Der tibetische Buddhismus verfügt über eine außerordentlich große Methodenvielfalt, über viele verschiedene Möglichkeiten, wie man praktizieren kann. Sie alle sind von Nutzen. Übernimmt man die Essenz des tibetischen Buddhismus, so kann das aber bedeuten, dass bestimmte traditionelle Praxisformen einen Wandlungsprozess durchlaufen müssen, um dem neuen Umfeld, den anderen sozialen Strukturen gerecht zu werden. Wenn in der Vergangenheit der Buddhismus in ein neues Land gelangte, so hat man den Menschen dort die wesentlichen Dinge mitgebracht. In diesem neuen Rahmen hat er sich dann weiterentwickelt und den veränderten Umständen angepasst. Mit dem tibetischen Buddhismus hier im Westen wird wohl etwas Ähnliches geschehen. Doch das liegt in Ihrer Verantwortung. Ich kann dazu nicht viel sagen.

---

[*] Die folgenden Fragen und Antworten sind aus unterschiedlichen Quellen zusammengestellt: aus öffentlichen und nicht öffentlichen Vorlesungen des Dalai Lama, aus seinen Gesprächen mit Vertretern der Wissenschaft, aus Einzelgesprächen und Pressekonferenzen.

Frage: Meinen Sie, der Westen kann von den Tibetern lernen?

Dalai Lama: Ich meine schon.

Frage: Ihnen ist von Kindesbeinen an eine Mönchsausbildung zuteil geworden. Sollte es für westliche Kinder von klein auf ein ähnliches Ausbildungssystem geben, oder sollten wir einen späteren Zeitpunkt abwarten?

Dalai Lama: Es gibt zwei Zugangsmöglichkeiten zum Buddhismus: die eine über den Glauben, die andere über den Verstand. Gegenwärtig – in diesem Jahrhundert, auf dieser Erde, in diesem Zeitalter – mag der Glaube allein für einen Buddhisten nicht genügen. Dem logischen Denken kommt also große Bedeutung zu. Aus diesem Grund wäre es vorzuziehen, später mit der Ausbildung zu beginnen. Allerdings macht es einen Unterschied, wenn ein Kind in seiner Familie mit diesem Einfluss von klein auf vertraut ist.

Frage: Bei der westlichen Erziehung gilt das Augenmerk in erster Linie dem Individuum. Bei uns kommt es darauf an, schnell ans Ziel und hoch hinaus zu gelangen. Können Sie uns an einem einfachen Beispiel deutlich machen, wie wir ein größeres soziales Verantwortungsbewusstsein erreichen können?

Dalai Lama: Meiner Meinung nach sollten Sie den Kindern und Jugendlichen die Grundstruktur der menschlichen Gemeinschaft verständlich machen ... Sie sollten ihnen den Gedanken nahe bringen, dass man als Mensch anderen gegenüber ein gewisses Verantwortungsbewusstsein hat. Kann man Kindern eine Vorstellung

Seine Heiligkeit bei einer der ersten Kalachakra-Einweihungen im Westen (1981 in Madison, Wisconsin).
Der Buddha, so heißt es, hat die Unterweisungen und die Segnungen für diese Initiation
zum ersten Mal vor 2500 Jahren in Südindien gegeben.

davon vermitteln? Bringen Sie ihnen zum Beispiel bei, sanft mit Insekten umzugehen.

Es ist an der Zeit, dass die Älteren auf die Stimme der Kinder hören. Schauen Sie, im Geist eines Kindes gibt es nicht diese Abgrenzung der verschiedenen Nationen, nicht die Grenze der unterschiedlichen Gesellschaftssysteme oder der Glaubenssysteme. Im Innern wissen Kinder, dass alle Kinder gleich sind. So gesehen ist der kindliche Geist weniger voreingenommen. Doch wenn die Menschen älter werden, beginnen sie zu sagen: »Unsere Nation, unsere Religion, unser Gesellschaftssystem«.

Entwickelt sich eine Abgrenzung zwischen »wir« und »andere«, dann machen sich die Menschen keine Gedanken mehr darüber, was anderen widerfährt, sondern nur noch über das, was »uns« oder »mir« widerfährt. Einem Kind kann man diese wundervolle Idee der sozialen Verantwortung leichter nahe bringen als einem Erwachsenen. Es ist sehr wichtig, Kinder mit solchen richtigen Ideen vertraut zu machen; nicht aus religiösen Gründen, sondern um des eigenen Glücks und des eigenen Erfolgs in der Zukunft willen.

Sie können sich ein Beispiel aus den Geschichtsbüchern aussuchen: Jene Menschen, die große Gräueltaten begehen und allzu selbstsüchtig sind, genießen vielleicht vorübergehend Ruhm und Ansehen. Doch vor Menschen wie Hitler oder Stalin hat heutzutage niemand mehr Respekt. Irgendwann gelangen solche Menschen vielleicht zu sehr großer Macht, doch beruht diese auf Grausamkeit und Gewalt. Solch ein Ruhm ist kein wirklicher Ruhm. Der Ruhm von Menschen wie Abraham Lincoln oder Mahatma Gandhi hingegen steht auf einem anderen Blatt. Bei ihnen steht ein ganz anderer Aspekt im Vordergund: Vor ihrer Arbeit haben die Menschen Hochachtung.

Vermitteln Sie also den Kindern eine Vorstellung von der Wichtigkeit, dem Wert und dem Nutzen von positivem Denken, von Güte und der Bereitschaft zu vergeben.

Elterliche Zuneigung, körperliche Nähe, eine liebenswürdige und gütige Einstellung allen empfindenden Wesen gegenüber, soziales Verantwortungsbewusstsein und ein besonders fürsorglicher Umgang mit unterprivilegierten Menschen – das sind die Ideen, die wir dazu beisteuern können. Sie sind nicht schwer zu verstehen, häufig jedoch werden sie nicht in die Tat umgesetzt. Wir alle könnten in einer Zeit, in der man großen Wert auf das Zuhause, die Familie, das persönliche Wohlbefinden, aber auch die Unterstützung von Hilfsbedürftigen und Obdachlosen legt, den Wert dieser Ideen unter Beweis stellen. Wir können mit eigenem Beispiel vorangehen und unseren Kindern zeigen, was es heißt, gütig zu sein. Denken wir daran – unseren Kindern zuliebe!

Frage: Ist der im Westen praktizierte tibetische Buddhismus Ihrer Meinung nach authentisch?

Dalai Lama: Das hängt in hohem Maß von den Menschen ab, die ihn lehren, von denjenigen, die die Unterweisungen erteilen.

Frage: Sind manche Lehrer authentischer als andere?

Dalai Lama: Darauf möchte ich Ihnen mit ein paar kurzen Ausführungen über den Buddhismus antworten. Generell heißt es im Buddhismus: Stützen Sie sich auf die Lehre, nicht auf die Person des Lehrers. Darüber hinaus hängt die Zuverlässigkeit und Vertrauenswürdigkeit der Person von dem ab, was sie sagt. Man sollte sich nicht einfach nur darauf verlassen, dass der oder die Betreffende einen guten Ruf genießt.

Wer sich einer buddhistischen Praxis widmen will, sollte also eine kritisch prüfende Haltung einnehmen. Gelangt man nach eingehender Prüfung zu dem Schluss, dass das, was der Lehrer oder die Lehrerin sagt, hilfreich und verlässlich ist, dann sollte man sich dieser Praxis widmen. Selbst wenn eine eingehende Prüfung zwölf Jahre in Anspruch nähme, so wäre dies in Ordnung. Das ist unsere grundsätzliche Einstellung.

Zu einzelnen Personen möchte ich mich nicht äußern. Ganz allgemein ist es so, dass sich viele Menschen in den Dienst der buddhistischen Lehre stellen. Und das ist gut so. Nichtsdestoweniger sollte man die Augen offen halten.

In der Vergangenheit waren buddhistische Klöster – in unserem Land ebenso wie in China, der Mongolei und Russland – Zentren der Gelehrsamkeit. Das war sehr gut. Doch in einigen Fällen haben diese Zentren aufgrund gesellschaftlicher Einflüsse einen Niedergang erlebt. Schließlich waren sie mitunter eher Zentren der Geschäftemacherei und des Gelderwerbs als religiöse Zentren. In Zukunft müssen wir also Acht geben. Außerdem heißen wir konstruktive Kritik von Seiten unserer Freunde willkommen. Lobenden Worten sollte man keine zu große Bedeutung beimessen. Kritik ist dringend erforderlich.

Frage: Damit etwas gut sein kann, so die im Westen vorherrschende Ansicht, muss ihm eine dauerhafte Wirklichkeit zukommen. Die Religionen, deren Ursprung in Indien liegt, teilen diese Sichtweise nicht; und meiner Meinung nach besteht darin das grundlegende Verständnisproblem des Westens im Umgang mit diesen anderen Auffassungen.

Dalai Lama: Es ist nicht Sinn und Zweck der Religionen, uns Material für Streitfragen zu liefern. Sind wir darauf aus, so können wir viele Unterschiede finden. Doch es führt zu nichts, wenn wir über die Unterschiede sprechen. Buddha, Jesus Christus und alle anderen großen Lehrer haben mit aufrichtiger Motivation, voller Güte und aus Liebe zur Menschheit ihre Ideen und Lehren entfaltet und sie zum Wohl der Menschheit mit uns geteilt. Ich glaube nicht, dass sie uns unterschiedliche Lehren hinterlassen haben, um weitere Unstimmigkeiten hervorzurufen.

Ich nehme Unterscheidungen vor, damit Sie zu innerem Frieden gelangen – nicht um zu kritisieren, nicht um zu diskutieren oder zu konkurrieren. Die Buddhisten können nicht die gesamte Weltbevölkerung veranlassen, Buddhisten zu werden. Vollkommen unmöglich. Die Christen können nicht alle Menschen zum Christentum bekehren. Und ebenso wenig können die Hindus der ganzen Menschheit vorschreiben, was sie zu tun hat.

Während der letzten Jahrhunderte hat, wenn Sie es unvoreingenommen betrachten, jeder Glaube, jede große Weisheitslehre der Menschheit große Dienste geleistet. Darum ist es viel besser, Freundschaft miteinander zu schließen, einander zu verstehen und gemeinsame Anstrengungen zu unternehmen, der Menschheit zu dienen, statt zu debattieren und sich gegenseitig zu kritisieren. Das ist meine Überzeugung.

Würde ich allerdings behaupten, alle Religionen und Philosophien stimmten miteinander überein, wäre dies Heuchelei und nicht die Wahrheit. Unterschiede sind vorhanden. Doch ich halte es hundertprozentig für möglich, wirklich Frieden miteinander zu schließen und sich Schulter an Schulter in den Dienst der Menschheit zu stellen.

Außerdem haben wir kein Recht dazu und es wäre auch unverantwortlich, einem Nicht-Gläubigen etwas aufzudrängen. Ein Nicht-Gläubiger, das darf man nicht vergessen, ist ebenso sehr ein Mensch wie ein Gläubiger: Wir müssen großen Respekt voreinander haben.

Frage: Kann es überhaupt sein, dass auf der ganzen Welt Frieden herrscht?

Dalai Lama: Unabhängig davon, ob wir weltweit Frieden erreichen können, müssen wir auf dieses Ziel hinarbeiten. Uns bleibt keine andere Wahl. Denn eine bessere Option haben wir nicht.

Frage: Gibt es, was diese Wunschvorstellung einer einträchtig zusammenlebenden Welt anbelangt, in Ihrer Tradition eine Weissagung, dass dieser Zustand irgendwann einmal eintreten wird, und ist irgendwo überliefert, dass es ihn in der Vergangenheit gegeben hat?

Dalai Lama: Nein.

Frage: Kaum ein Mensch wird jemals von sich sagen, dass er Kriege gutheißt. Dennoch führen die Menschen Krieg. Wie kann das sein?

Dalai Lama: Im Wesentlichen kommt darin Unwissenheit zum Ausdruck. Es gibt viele verschiedene Bewusstseinszustände. Wenn der Geist von Emotionen getrübt wird und Gedanken von Wut, Hass und Anhaftung auftauchen, braucht man Vernunft, um mit ihnen umgehen zu können. Ab einem gewissen Punkt kann die Vernunft allerdings nichts mehr ausrichten. Beherrschen solche Emotionen die allgemeine Stimmungslage, nehmen die Dinge fast immer einen tragischen Verlauf.

Frage: Glauben Sie, dass Sie eines Tages in ein freies Tibet zurückkehren werden?

Dalai Lama: Gewiss.

Frage: Wie?

Dalai Lama: Das muss die Zukunft zeigen. Ich kann lediglich sagen, dass die Dinge in Veränderung begriffen sind und bereits ein Gedankenaustausch stattfindet.

Frage: Welche Schritte würden Sie sich von Seiten der westlichen Staaten angesichts der chinesischen Präsenz in Tibet wünschen?

Dalai Lama: Wir kämpfen für unser Glück und für unsere Rechte.

Schließlich sind wir Tibeter Menschen. Wir haben das Recht auf ein menschenwürdiges Zusammenleben mit unseren Brüdern und Schwestern, wir haben das Recht, unser Glück zu finden. Freiheit, Selbstbestimmung – das, was auch wir wollen – spielen für die Menschen in den westlichen Demokratien eine wichtige Rolle.

Frage: Wie können wir als spirituelle Menschen tatsächlich einen spirituellen Einfluss auf die Politik ausüben? Was schlagen Sie uns vor?

Dalai Lama: Eine schwierige Frage. Die vorherrschende Atmosphäre ist nicht gesund. Alle reden von Frieden. Kaum sind jedoch die eigenen Interessen betroffen, schert sich niemand um Krieg, Mord, Diebstahl und Ähnliches. So sieht es in Wirklichkeit aus. Unter diesen Umständen muss man Augenmaß und einen Sinn für das Machbare haben.

Wir brauchen eine langfristig angelegte Politik. Nach meiner Überzeugung sollten wir der jüngeren Generation ein Bildungssystem anbieten, das Liebe, Frieden, Brüderlichkeit und so weiter stärker in den Mittelpunkt stellt. Ein oder zwei Länder allein können das nicht leisten; das muss zu einer weltweiten Bewegung werden.

In der Praxis müssen wir – das heißt, diejenigen, die von der Bedeutung einer ethischen Lebensführung überzeugt sind – ein Leben führen, das von Integrität zeugt, von Besonnenheit, und dadurch anderen ein Beispiel geben kann; ein Leben, das den Wert der Religiosität, den Wert der Spiritualität sichtbar macht. Das können wir tun, das liegt in unserer Verantwortung.

Bevor wir anderen etwas beibringen, bevor wir andere Menschen ändern, müssen wir uns selbst ändern. Wir müssen offen, ehrlich und wohlwollend sein. Darauf kommt es an. Das ist eine allgemein menschliche Verpflichtung.

Frage: Welche Position hat der Buddhismus in Bezug auf soziale Reformen?

Dalai Lama: Eine grundlegende philosophische Anschauung im Buddhismus ist die Theorie der wechselseitigen Bedingtheit. Unter Berücksichtigung der zu einem gegebenen Zeitpunkt gerade vorliegenden Situation unterscheidet der Buddhismus zwischen vielerlei Positivem und Negativem, vielen Arten von Nutzen und Schaden. Daher kann man auf viele Fragen bezogen kaum sagen, lediglich ein bestimmter Weg sei der richtige. Es müssen also viele Dinge geändert werden.

Frage: Wem gegenüber ist der Mensch verantwortlich, beziehungsweise was veranlasst ihn, ethisch verantwortlich zu handeln?

Dalai Lama: Wir bemühen uns um positives Verhalten, weil ein gutes Verhalten gute Früchte hervorbringt. Dahinter steht also eigentlich unser Wunsch, glücklich zu sein und nicht zu leiden; und aufgrund dessen sind wir bestrebt, gut zu handeln, und aufgrund dessen vermeiden wir negative Handlungen. Ob es sich um positives oder um negatives Verhalten handelt, lässt sich also an den Früchten dieses Verhaltens ablesen. Hier kommt mit anderen Worten die buddhistische Lehre vom Karma und den Auswirkungen unseres Handelns ins Spiel. Etwas Entsprechendes lehrt auch der Hinduismus.

Frage: Ist die Handlungsmotivation wichtig?

Dalai Lama: Aber sicher. Die Motivation ist das Allerwichtigste, der entscheidende Punkt. Dabei sind mehrere Möglichkeiten zu unterscheiden: Karma kann zum Beispiel zustande kommen, indem man zwar die Handlung begeht, jedoch keine Motivation vorhanden war; oder die Motivation ist da, doch man führt die Handlung nicht aus; oder beides; oder keines von beidem.

Frage: Institutionen wie die Religion und die Familie werden ihren überkommenen Aufgaben immer weniger gerecht. Wodurch können wir Ihrer Meinung nach diese Entwicklung umkehren?

Dalai Lama: Durch ethisch einwandfreies Verhalten, durch Besonnenheit, Geduld, größere Toleranz und natürlich Mitgefühl. Vor allem sollten die Menschen eine sorgfältige Entscheidung treffen, ehe sie heiraten, statt dies aus blinder Leidenschaft überstürzt zu tun, und ganz allmählich das richtige Gefühl für das Familienleben und die familiäre Atmosphäre entwickeln. Das halte ich für außerordentlich wichtig. Es macht mich immer sehr traurig, wenn ich ein Kind sehe, dessen Eltern geschieden sind. Denn das wirkt sich, glaube ich, ein ganzes Leben lang auf das betreffende Kind aus.

Als Neubuddhisten in der westlichen Gesellschaft sollten Sie auch Extreme vermeiden. Eins dieser Extreme bestünde darin, sich dem gängigen Lebensstil und der Gesellschaft völlig zu verschließen. Besser, man bleibt ein ganz normales Mitglied der Gesellschaft und führt einen entsprechenden Lebenswandel. Das ist meine Überzeugung.

Das andere Extrem bestünde darin, in diesem weltlichen Dasein vollständig aufzugehen: so sehr damit beschäftigt zu sein, Geld zu verdienen, dass man gleichsam zum Bestandteil einer Maschine wird. Diese beiden Extreme sollten Sie vermeiden.

Frage: Worin besteht die Verantwortung eines Buddhisten, wenn er es mit Menschen zu tun hat, die Leid verursachen?

Dalai Lama: Wenn möglich, müssen Sie dafür sorgen, dass dies aufhört.

Frage: Ist die Unterscheidung zwischen dem empirischen Selbst und dem tatsächlichen Selbst eine Gemeinsamkeit sämtlicher Religionen?

Dalai Lama: Innerhalb der philosophischen Schulen des Buddhismus findet man unterschiedliche Auffassungen darüber. In der Frage, was das »Ich« sei, gibt es unterschiedliche Standpunkte. Acht verschiedene Auffassungen! Alle sind sich allerdings zunächst einmal über das schiere Vorhandensein eines solchen »Ich« einig; darüber, dass es ein Phänomen der menschlichen Selbstwahrnehmung ist, mag nun ihr Geist von philosophischem Gedankengut geprägt sein oder nicht. Und würde man bestreiten, dass solch ein »Ich« oder Selbst vorhanden ist, so stünde dies im Widerspruch zur unmittelbaren Wahrnehmung.

Der Buddhismus postuliert Selbst-Losigkeit – das heißt, sämtliche Phänomene verfügen über kein wirkliches Eigendasein. Wenn man aber nicht versteht, was das Wort »Selbst« beziehungsweise was »Selbst-Losigkeit« bedeutet, könnte man infolgedessen zu

Unrecht meinen, es gebe überhaupt kein »Ich« oder Selbst. Bestritte man schlichtweg, dass es in irgendeinem Sinn ein »Ich« oder Selbst gibt, würde man in das Extrem eines Nihilismus verfallen.

»Selbst-los« bedeutet »leer«; »Leerheit« besagt, dass kein unabhängiges Dasein, keine unabhängige, von sich aus bestehende Existenz vorhanden ist. Das ist ähnlich wie bei der Null. Schauen Sie sich die Null an; für sich genommen, ist sie null, nichts. Trotzdem ist sie etwas. Denn ohne Null haben wir keine 10, keine 100.

Mit Leerheit verhält es sich ganz ähnlich. Sie ist Leerheit; zugleich jedoch die Grundlage *sämtlicher Dinge*. Mit anderen Worten: Wir können hier kein einziges *Ding* finden. Wir stoßen lediglich auf Leerheit.

Es liegt in der Natur der Dinge, dass sie nicht so existieren, wie es den Anschein hat. Etwas, ein Objekt, ist aber durchaus vorhanden. Deshalb können wir auch Nachforschungen anstellen. Doch seiner Natur nach ist das Objekt leer von einem unabhängigen, aus sich heraus bestehenden Dasein. Die Natur des Objekts ist Leerheit. Aufgrund dieser Leerheit erscheint es und verschwindet es: Lebewesen werden geboren, und sie verschwinden; Leid entsteht und geht; Glück kommt und geht. All diese Dinge, all diese Veränderungen, das Erscheinen und Verschwinden, Kommen und Gehen sind nur *aufgrund* von Leerheit möglich; sie sind nur möglich, weil ihre Natur Nicht-Selbstexistenz ist. Hätte das Leid, hätten Leid und Glückseligkeit ein unabhängiges Dasein, wären sie unbedingt, so könnten sie sich nicht verändern. Bestünde nicht die Abhängigkeit von Ursachen und Wirkungen, so könnte kein Wechsel eintreten. Da es jedoch diese Realität der Leerheit gibt, können die Veränderungs- und Wandlungsprozesse der leeren Gegenstände stattfinden. Allein schon die Tatsache, dass die Objekte sich verändern und wandeln, ist ein Hinweis oder ein Zeichen: ein Hinweis auf die Realität der Leerheit.

Frage: Sie sind offenbar ein sehr zuversichtlicher Mensch. In der Vergangenheit haben wir solch furchtbare Tragödien wie den Holocaust erlebt, den Aufstieg und Niedergang der totalitären Staaten und den Vernichtungsfeldzug gegen die amerikanische Urbevölkerung. Trotzdem sind Sie voller Zuversicht. Worauf beruht Ihre Hoffnung?

Dalai Lama: Hoffnung beruht auf Hoffnung. Ich meine, es gibt keine Garantie; aber besser, man hat Hoffnung und lässt es auf einen Versuch ankommen. Unser ganzer Lebenswandel basiert im Grunde auf Hoffnung. Wir hegen die Hoffnung, dass sich auf lange Sicht die Wahrheit durchsetzt. Der Blick in die Vergangenheit zeigt uns all diese schlimmen kriegerischen Auseinandersetzungen; doch solche Kämpfe dauern nicht ewig an. Früher oder später nehmen sie ein Ende, flauen ab.

Frage: Eure Heiligkeit, hat Ihre Vertreibung aus Tibet Veränderungen in der tibetischen Philosophie bewirkt?

Dalai Lama: In der Philosophie? Nein, ich glaube nicht. Die buddhistische Philosophie beruht auf logischem Denken, und diese Philosophie ist der zentrale Bezugspunkt für mein Land. Die Essenz des Dharma wird sich nicht verändern. Solange die Wirklichkeit im Prinzip gleich bleibt, wird auch die Philosophie die gleiche sein. Solange die Menschen mit Leid konfrontiert sind, wird das Dharma fortbestehen, das sich nicht nur mit den Menschen, sondern mit allen empfindenden Wesen befasst, die diese leidvolle Daseinserfahrung machen.

Frage: Läuft man durch Altruismus auf nationaler Ebene nicht Gefahr, sich selbst aufzugeben? Wie praktiziert man Altruismus einem Nachbarn gegenüber, der einen zu vernichten sucht?

Dalai Lama: Eine komplizierte Frage. Aus dieser Perspektive sind eher die Menschen unserer zweiten Generation, die Flüchtlinge, das Problem. Sehen Sie, es wäre besser zu vergessen, als weiterhin an Wut zu haften. Doch das ist sehr schwierig, weil wir nicht wissen, wo wir in Zukunft sein werden. Zu dem Gedanken, dass wir etwas tun müssen, um mehr Güte zu entwickeln, gibt es daher gar keine Alternative. Wir müssen daran denken und daran arbeiten, eine neue Welt hervorzubringen.

Tatsächlich ist es ja auch in unserem persönlichen Leben so, dass wir nicht wissen, ob wir morgen noch leben. Trotzdem erledigen wir unsere Alltagsangelegenheiten in der Hoffnung, dass wir auch morgen noch leben werden. Obwohl man nicht weiß, was die Zukunft bringt, muss man etwas tun beziehungsweise versuchen, etwas zu tun. Das ist die richtige Einstellung.

Frage: Eure Heiligkeit, können Sie uns erläutern, wie wohl angesichts der veränderten Situation in Tibet eines Tages Ihr Nachfolger bestimmt wird?

Dalai Lama: Das bereitet mir keine großen Sorgen. Wenn das tibetische Volk es für nötig hält, sich für einen weiteren Dalai Lama zu entscheiden, dann wird dies geschehen. Halten die Menschen das hingegen nicht für notwendig, so wird es keinen Dalai Lama geben. Aber das liegt nicht in meiner Verantwortung. Ich werde hoffentlich noch für eine Weile da sein. Sich einen neuen Dalai Lama zu suchen – oder auch nicht – ist dann jedoch Sache der nächsten Generation.

Frage: Über die Begriffe Güte, Selbstbezogenheit, Leid und Glück haben Sie vornehmlich aus der Perspektive des Einzelnen gesprochen. Auf welche Weise aber erreichen Gruppen von Menschen – Nationen zum Beispiel – Güte, Selbstlosigkeit und Glück? Worin besteht der Schritt vom Individuum zur Gruppe? Wie kann man einer Gruppe Altruismus vermitteln?

Dalai Lama: Gruppen setzen sich aus Einzelpersonen zusammen. Die Atmosphäre, das Umfeld, in dem wir heutzutage leben, ist sehr angespannt, nicht gerade friedvoll. In dieser Atmosphäre fallen wichtige Entscheidungen aufgrund von Geld und Macht. Das ist nicht richtig. Die gegenwärtig vorhandene Atmosphäre ist auf unsere Denkweise zurückzuführen.

Um jetzt eine Veränderung in die Wege zu leiten, müssen wir zunächst einmal als Einzelne die Initiative ergreifen, indem wir bestimmte positive menschliche Eigenschaften entwickeln. Zunächst einmal müssen wir ein gutes Beispiel abgeben, indem wir sichtbar machen, worin eine gute Einstellung und eine gute Verhaltensweise bestehen – jeder für sich, Mensch für Mensch –, um dann mit der Zeit allmählich Gruppen aufzubauen, die diese Einstellung haben. Wie können wir, wenn wir uns so weit geschult haben, diese Schulung in die Praxis umsetzen? Ein wirklich altruistischer Mensch kann auf dieser Grundlage anderen helfen, sobald er oder sie Kenntnis davon erhält, dass jemand leidet.

Frage: Eure Heiligkeit, würden Sie uns in groben Zügen erzählen, wie Sie im Leben zu Ihrer spirituellen Berufung gefunden haben?

Dalai Lama: Meine Berufung besteht, glaube ich, einfach darin, wo auch immer ich bin, zum Ausdruck zu bringen, für wie wichtig ich Güte und wahre Brüderlichkeit halte. Von ihrem Wert bin ich stets überzeugt, und ich persönlich übe mich in diesen Dingen.

Diese Überzeugung bringe ich auch den Tibetern gegenüber zum Ausdruck, lege ihnen die Bedeutung von Güte und die Notwendigkeit dar, geringere Anhaftung, mehr Toleranz und größere Zufriedenheit zu entwickeln. All das ist sehr nützlich und wichtig.

Grundsätzlich hebe ich überall, wohin ich komme, in den Vereinigten Staaten, in Europa, in der Mongolei, die Bedeutung von Güte hervor, und mir scheint, dass die Leute im Allgemeinen mit meiner Einschätzung übereinstimmen. Daher habe ich den Eindruck, dass Sie meine Sicht teilen.

Jedenfalls versuche ich nach Kräften, wirkliche Brüderlichkeit unter den Menschen zu fördern. Ich glaube, dass Friede unter den

Menschen auf wahrer Brüderlichkeit beruht. Für einen Buddhisten spielt es keine Rolle, ob wir gläubig sind oder nicht, ob wir gebildet oder ungebildet sind, ob wir aus dem Osten, aus dem Westen, aus dem Norden oder aus dem Süden kommen, solange wir alle Menschen sind, das gleiche Blut und die gleichen Grundzüge haben. Jeder will glücklich sein und keinen Kummer haben, und wir haben alle einen Anspruch darauf, glücklich zu sein.

Manchmal messen wir Menschen Dingen von untergeordneter Bedeutung, unterschiedlichen politischen Systemen oder Wirtschaftssystemen etwa oder der unterschiedlichen ethnischen Herkunft, zu großen Wert bei. Aufgrund solcher Unterschiede werden viele Menschen diskriminiert. Doch das vergleichsweise elementare menschliche Wohlergehen basiert nicht auf diesen Dingen. Daher versuche ich stets die wahren menschlichen Werte zu erfassen.

All diese unterschiedlichen philosophischen oder religiösen Systeme sollten zum menschlichen Glück beitragen. Wird jedoch diesen sekundären Dingen, den Unterschieden zwischen jenen Systemen, die dem menschlichen Glück dienen sollen, zu große Bedeutung beigemessen, dann ist da etwas nicht in Ordnung. Wenn man um dieser Dinge willen die menschlichen Grundwerte aus den Augen verliert, kann dies schwerlich etwas Gutes bringen.

Kurzum, offenbar ist es meine Berufung, wahre Güte, echte Güte und echtes Mitgefühl zu verbreiten. Ich persönlich übe mich in diesen Dingen. Und das verschafft mir mehr Glück, mehr

Erfolg. Würde ich mich darin üben, wütend, eifersüchtig oder verbittert zu sein, würde ich mit Sicherheit den falschen Eindruck vermitteln: mehr Traurigkeit. Wäre ich öfter wütend, würde mein Lächeln zweifellos verschwinden. Mich in Offenheit oder Güte zu üben bereitet mir mehr Freude.

Frage: Glauben Sie, es gibt eine religiöse Sicht, die die Menschen international einigen kann?

Dalai Lama: Ich halte es für hilfreich, viele verschiedene Religionen zu haben, da der menschliche Geist es stets bevorzugt, je nach persönlicher Vorliebe unterschiedliche Ansätze zur Verfügung zu haben. Das ist wie beim Essen. Manche Menschen bevorzugen Brot, manche Reis, und manche bevorzugen Mehlspeisen. Jeder hat einen anderen Geschmack, und jeder möchte essen, was seinem Geschmack entspricht. Manche essen Reis, manche essen Mehlspeisen; doch es gibt keinen Grund, sich darüber zu streiten. Niemand würde sagen: »Was soll das, warum isst du Reis?«

Ebenso gibt es geistige Vielfalt. Daher ist für manche Menschen das Christentum von größerem Nutzen, praktikabler. Manche Menschen sagen: »Es gibt einen Gott, es gibt einen Schöpfer, und von Ihm, von Seinen Handlungen, hängt alles ab; und weil Er dein Schöpfer ist, solltest du von Ihm durchdrungen sein.« Schauen Sie, wenn einem das größere Gewissheit gibt, einen stärkeren Glauben, so wird man diesen Ansatz bevorzugen. Für solche Menschen ist diese Philosophie am besten geeignet.

Andere Menschen hingegen sagen, dass es keinen Schöpfer gibt und alles von einem selbst abhängt, und sie erklären, diese Sichtweise sei zu bevorzugen. Nun, wenn Sie Ihr eigener Herr sind, hängt alles von Ihnen ab. Für manche Menschen ist diese Sichtweise günstiger, angemessener.

So betrachtet ist es also besser, dass es diese Vielfalt gibt, viele Religionen.

Glossar

Asanga: Er gilt als Begründer der Chittamatra-Schule des tibetischen Buddhismus und lebte im 4. Jh. u. Z.

Austauschen von uns selbst und anderen: Eine buddhistische Geistesübung, die auch als die »Praxis des Gebens und Nehmens« (tibetisch: *Tong-len*) bezeichnet wird. Ihr Ziel: anderen mit der liebevollen, fürsorglichen Haltung zu begegnen, die wir gewöhnlich uns selbst gegenüber einnehmen.

Bedingtheit/bedingtes Entstehen: Zentrales Prinzip der buddhistischen Philosophie. Es besagt: Die Existenz alles Wirklichen ist notwendigerweise durch etwas anderes bedingt. Zwischen bedingtem Entstehen und *Leerheit* gibt es eine enge Verbindung. Nur dann nämlich stehen alle Dinge in einem kausalen Bedingungsverhältnis zueinander, wenn sie leer sind, also ohne einen nicht-bedingten Wesenskern existieren.

Bodhichitta (Skrt.): Das selbstlose Streben, zum Wohl aller Wesen erleuchtet zu werden; die für einen *Bodhisattva* charakteristische Geisteshaltung.

Bodhisattva (Skrt.): Jemand, der oder die unvoreingenommenes Mitgefühl für alle empfindenden Wesen entwickelt hat und den Weg zu vollkommener Erleuchtung beschreitet, der Verpflichtung folgend, alle empfindenden Wesen zur vollständigen Erleuchtung zu führen. Siehe *Buddhaschaft*.

Buddhaschaft: Zustand der vollkommenen Erleuchtung; in ihm sind sämtliche Geistestrübungen bereinigt, alle Begabungen und Vorzüge voll entfaltet und zur Vollendung gebracht.

Dharma (Skrt.): Ein Begriff mit einer Fülle von Bedeutungen; bezeichnet hier die Lehre des Buddha.

Dharmakirti: Indischer Philosoph und Logiker aus dem 6. /7. Jh. u. Z. Seine Werke bilden die Grundlage für das Studium der Logik und Erkenntnislehre in der Überlieferung des tibetischen Buddhismus.

Erleuchtung: Bezeichnet im Buddhismus das vollständige geistige Erwachen eines Menschen. Der entsprechende tibetische Ausdruck *Dschang-dschub* (Skrt.: *Bodhi*) bedeutet wörtlich »jemand, der die Geistestrübungen bereinigt und vollkommene Verwirklichung erreicht hat«. Ein vollkommen erleuchteter Mensch wird Buddha genannt.

Geistesschulung: Wichtige Gruppe von Lehren und Übungen, die ausschließlich dem Zweck dienen, unser Mitgefühl und unsere altruistische Motivation zu verstärken.

Karma (Skrt.): Wörtlich »Handlungen«; physische, verbale und geistige Handlungen und die im Geist durch solche Handlungen hervorgerufenen Prägungen und Tendenzen. Sie bestehen über aufeinanderfolgende Wiedergeburten hinweg im Geisteskontinuum fort.

Leerheit: Ein philosophischer Schlüsselbegriff des Mahayana-Buddhismus. Die Lehre von der Leerheit geht auf die »Sutras von der Vervollkommnung der Weisheit« (*Prajnaparamita-Sutras*) zurück. Leerheit verweist darauf, dass weder Personen noch Sachen ein wirkliches Dasein zukommt. Leerheit ist nicht ontologisch zu verstehen, denn auch ihr kommt kein wirkliches Dasein zu.

Leid (Skrt.: *Duhkha*; Pali: *Dukkha*): Bezeichnet im buddhistischen Kontext ebenso die körperliche Empfindung von Schmerz wie die leidvollen seelischen und emotionalen Erfahrungen.

Mahayana (Skrt.): Wörtlich »großes Fahrzeug«; neben dem *Theravada* eines der beiden großen Lehrsysteme im Buddhismus, die sich im alten Indien entwickelt haben. Das wesentliche Unterscheidungsmerkmal des Mahayana gegenüber dem Theravada ist die *Bodhisattva*-Motivation.

Methode/Methodenaspekt: Im Mahayana-Buddhismus ein Ausdruck für all jene Aspekte des spirituellen Weges, die mit der Entwicklung und Intensivierung des Mitgefühls und der altruistischen Bodhisattva-Aktivitäten zu tun haben. Siehe auch *Weisheit/Weisheitsaspekt*.

Milarepa (1040-1123): Tibets großer Heiliger und Poet lebte als wandernder Yogi in der unwirtlichen Gebirgswelt und meditierte in entlegenen Höhlen. Seine Lebensgeschichte und seine Lieder, spontane Gesänge von der Einsicht in die wahre Natur der Dinge, sind für die Tibeter noch heute eine unerschöpfliche Inspirationsquelle.

Nagarjuna: Er ist – nach dem Buddha – vielleicht die zweitwichtigste historische Gestalt im Mahayana-Buddhismus und kann als Begründer des Mahayana angesehen werden. Sein Hauptwerk, »Grundlegende Weisheit des Mittleren Weges« (*Mulamadhyamakakarika*), dient als Grundlage für alle nachfolgenden Schriften zur buddhistischen Leerheits-Philosophie.

Nicht-Selbst/Nicht-Selbstexistenz: Der Lehre des Nicht-Selbst, der Nicht-Selbstexistenz oder Selbst-Losigkeit, gelegentlich auch als »Nicht-Seele« übersetzt, kommt im Buddhismus eine philosophische Schlüsselposition zu. Es geht hierbei um die Einsicht, dass unserem Befangensein im unerleuchteten, bedingten Dasein der Irrglaube an ein dauerhaft und unabhängig existierendes Selbst zugrunde liegt. Die Einsicht in dessen Nichtvorhandensein öffnet die Tür zur Befreiung aus dem Leid des bedingten Daseins.

Nirvana (Skrt.): Wörtlich »über Schmerz und Leid hinausgelangt«; bezieht sich auf das dauerhafte Aufhören allen Leids und jener disharmonischen

Emotionen, die das Leid verursachen und aufrechterhalten. Diese vollkommene Freiheit von Leid kann man nur durch Bereinigen sämtlicher Geistestrübungen erreichen.

Psycho-physische Komponenten: In der buddhistischen Psychologie gibt es fünf »Anhäufungen«, psycho-physische Komponenten (Skrt.: *Skandhas*): Form (der Körper), Empfindung, Wahrnehmung, geistige Formationen (Konditionierungen) und Bewusstsein. Die erste Anhäufung bezieht sich auf den Körper, die andern vier auf den Geist.

Rinpoche: Wörtlich »Kostbarer«; diesen Titel verwendet man, wenn man reinkarnierte Lamas, Lamas von hoher spiritueller Verwirklichung und Äbte von Klöstern anredet oder von ihnen spricht.

Samsara (Skrt.): »Daseinskreislauf«; der Kreislauf von Leben und Tod; ein von karmischen Tendenzen, von Prägungen durch frühere Handlungen, bedingter Daseinskreislauf, in den die empfindenden Wesen ungewollt immer wieder aufs Neue eintreten.

Shantideva: Sein Name bedeutet »friedvoller Gott«. Der indische buddhistische Weise und Philosoph aus dem 7. Jh. u. Z. hat einen der beliebtesten Mahayana-Texte verfasst, das *Bodhicharyavatara* (*Eintritt in das Leben zur Erleuchtung*). Der vom Dalai Lama häufig verwendete Text enthält detaillierte Unterweisungen, wie das Leben im Einklang mit dem Bodhisattva-Ideal zu führen ist.

Tantra (Skrt.): Wörtlich »Kontinuum«; der Begriff Tantra hat im Buddhismus zwei Bedeutungen: Er bezieht sich einerseits auf die tantrische Praxis, andererseits auf die Literatur, die diese tantrische Praxis in ihrer ganzen Vielfalt darlegt und erläutert.

Theravada (Pali): Der »von den Ältesten dargelegte Weg«; die bis heute fortbestehende Schule des »ursprünglichen«, in erster Linie in Südostasien

(Sri Lanka, Thailand, Bhurma, Kambodscha und Laos) vertretenen Buddhismus.

Vajrayana (Skrt.): Wörtlich »Diamant-Fahrzeug«; Vajrayana ist der esoterische Aspekt des Buddhismus. Siehe *Tantra*.

Weisheit/Weisheitsaspekt: Weisheit und Methode sind die beiden komplementären Aspekte des buddhistischen Weges. Ein Mensch auf dem spirituellen Weg kann das Ziel der Erleuchtung nicht erreichen, sofern er nicht auf beides zurückgreift. Der Weisheitsaspekt des Weges bezieht sich auf die unmittelbare Einsicht in Leerheit.

Theseus im Internet: www.Theseus-Verlag.de

Wir senden Ihnen auch gern unseren Gesamtprospekt zu.

Die amerikanische Originalausgabe
Ocean of Wisdom
erschien bei Clear Light Publishers
Santa Fe, New Mexico, USA

Die Deutsche Bibliothek – CIP-Einheitsaufnahme

Ein Titeldatensatz für diese Publikation ist bei
Der Deutschen Bibliothek erhältlich.

ISBN 3-89620-175-1

Übersetzung aus dem Englischen: Michael Wallossek
Lektorat: Ursula Richard

Umschlaggestaltung: Morian & Bayer-Eynck, Coesfeld
unter Verwendung eines Fotos: © Marcia Keegan
© der Fotos Marcia Keegan
Gestaltung und Satz: AS Typo & Grafik, Berlin
Druck: Jütte Druck, Leipzig
Printed in Germany

ISBN 3-89620-175-1

Gedruckt auf alterungsbeständigem Papier mit chlorfrei gebleichtem Zellstoff